语用学及语言建构透视探索

娜布其　著

延边大学出版社

图书在版编目（CIP）数据

语用学及语言建构透视探索 / 娜布其著. -- 延吉 ：
延边大学出版社, 2023.7
ISBN 978-7-230-05203-0

Ⅰ．①语… Ⅱ．①娜… Ⅲ．①语用学 Ⅳ．①H030

中国国家版本馆CIP数据核字(2023)第134262号

语用学及语言建构透视探索

著　　者：娜布其
责任编辑：娄玉敏
封面设计：文合文化
出版发行：延边大学出版社
社　　址：吉林省延吉市公园路977号　　　邮　　编：133002
网　　址：http://www.ydcbs.com　　　　E-mail：ydcbs@ydcbs.com
电　　话：0433-2732435　　　　　　　传　　真：0433-2732434
印　　刷：廊坊市广阳区九洲印刷厂
开　　本：787×1092　1/16
印　　张：10.75
字　　数：220 千字
版　　次：2023 年 7 月 第 1 版
印　　次：2023 年 7 月 第 1 次印刷
书　　号：ISBN 978-7-230-05203-0

定价：78.00 元

前　言

　　语用学有着几千年的历史，该领域涉及的内容早在古希腊、古罗马时期就曾受到众多学者的关注。1938 年，美国哲学家莫里斯（C. W. Morris）在《符号理论基础》一书中首先使用了"语用学"这一术语。莫里斯把语用学定义为"符号学的一部分"，它研究符号的来源、用法及其在行为中出现时所产生的作用。但在此后相当长的一段时间内，这方面的研究基本上是在哲学和逻辑学的范围内进行的，语用学并没有成为语言学的一个重要领域。

　　直到 20 世纪 60 年代，语言学家中仍很少有人提及语用学，即使有人提及语用学也只是将它比作"杂物箱"或"废纸篓"，接纳语义学容纳不下的内容。语用学作为语言学的一个相对独立的分支而得到国际学界的承认有三个标志：一是 1977 年《语用学杂志》在荷兰阿姆斯特丹正式出版；二是 1983 年由列文森（S. C. Levinson）所编著的第一部语用学教科书《语用学》问世；三是 1986 年国际语用学会正式成立。可见，语用学兴起和发展的时间还不是很长，其尚是一个新生事物。

　　20 世纪 90 年代以后，汉语语用学研究进入了一个大发展、大繁荣的时期。这既得益于 20 世纪 70 年代末 80 年代初学术研究工作的全面恢复和汉语语用学学者迅速成长所奠定的坚实基础，以及汉语语用学的广泛应用所取得的重要成果，又得益于改革开放大背景下汉语语用学学者对国外语言学经典理论和前沿思想的借鉴、吸收与应用。国外语用学理论的引入，使得汉语语用学研究形成了一个新的百花齐放的局面——汉语语用学研究领域拓展了，观察视野拓宽了，分析方法多元了，阐释力度增强了。

　　当前，语用学研究在许多方面都较以往有较大的进步和突破，语用学研究事业驶入了发展的快车道。基于此，特撰写本书，旨在为语用学的发展贡献一份微薄的力量。

　　本书共分为五章：第一章为语用学概述，为广大读者梳理了语用学的由来及发展、语用学的系统、研究内容以及语用学与其他有关学科的关系等内容，作为本书的"前奏"，对语用学展开论述；第二章是语用学理论研究新发展，清晰地论述了语用学发展的新理论，能够让读者了解语用学发展的新方向；第三章主要介绍语用学的新视角，如变异语用学、批评语用学、临床语用学、历史语用学等，以期为今后该领域的研究者提供借鉴；第四章为话语意义和创意表达，随着语用研究的深入，对语境、含义及会话的含义、合作原则、礼貌原则等进行深入浅出的论述；第五章以现代文教学为例，对语言建构与运用理论进行阐释。

本书在写作过程中参阅了相关资料，借鉴了许多有益的内容，在此向相关文献作者表达感谢。由于作者水平有限，加之时间仓促，书中难免有不足之处，恳请广大读者予以批评指正，以臻完善。

娜布其

2023 年 5 月

目　　录

第一章 语用学概述

语用学是语言学各分支中的一个新兴研究领域，以语言意义为研究对象。语用学是专门研究语言的理解和使用的学科，研究在特定情景中的特定话语，研究如何通过语境来理解和使用语言。语用学主要研究影响语言行为（如招呼、回答、应酬、劝说）的因素和支配轮流发言的规则，还研究语言用于成事的方式。

第一节 语用学的发展

一、语用学在西方的发展历史

（一）语用学的由来

"语用学"这一术语是 1938 年由著名哲学家莫里斯（C. Morris）在其著作《符号理论基础》一书中率先提出来的。他在该书中把符号学划分为三个部分：符号关系学（句法学）、语义学和语用学，这就是人们熟悉的"Morris 三分法"。但在之后的 40 年里，语用学的相关研究仅局限于哲学范畴，直到 1977 年《语用学杂志》创刊，语用学才成为一门独立的学科。

20 世纪 70 年代，语用学研究成了热点，言语行为理论引起了逻辑学家、哲学家、语言学家的兴趣，他们就语境、预设、会话含义等展开研究，使语用学研究上了一个新台阶。1972 年，斯坦纳克尔（R. C. Stalnaker）出版的《语用学》一书中就涉及语用学研究的指示语、预设、会话含义、言语行为和话语结构等五方面的内容。

1977 年，荷兰学者范·达克（van Dijk）在《语义学和语用学话语探索》一书中指出，语用学是研究符号和符号使用者之间关系的学科。在任何情况下，如果语用学理论想要发展成为语言理论的一部分的话，它必须解释语言领域的系统现象，必须与句法和语义理论相结合。也就是说，语用学必须规定一个包含语言普遍规则和生产、理解话语规则的经验范畴，尤其应对说话人在某种情景下生产出可接受的话语条件加以分析。这一理论对语用学研究具有很强的指导作用。

同年，《语用学杂志》期刊在荷兰创刊，这是语用学成为独立学科的标志。该杂志主编哈伯兰德（H. Haberland）和梅伊（J. L. Mey）在副题为"语言学和语用学"的社论中指出，语用学是语言使用的科学，它的内部是制约语言使用的具体条件，它的外部是指语言的具体使用及其使用者。因而，语用学是决定语言实践（使用和使用者）条件的科学。

20 世纪 80 年代，语用学得到进一步的发展、完善，语用学研究进入了鼎盛时期。这主要表现为：语用学研究有了比较明确的方向，重点集中在研究言语行为和运用语用学方面，如话语结构和意义与语境的关系。语义学和语用学对意义的研究已有了较明显的区分，跨文化研究也开始活跃起来，语用学研究内容变得更加丰富。

1983 年，列文森（S. C. Levinson）的《语用学》和利奇（C. N. Leech）的《语用学原则》出版。在《语用学》中，列文森对 20 世纪 80 年代以前语用学研究中出现的各种理论作了系统的介绍和科学的分析，确定了语用学研究的范围和内容，阐述了语用学研究的基本原理和方法，堪称第一本比较系统、完整的语用学教科书。利奇的《语用学原则》明确了语用学研究的范围，指明了语义学与语用学的联系和区别，论述了多种语用学原则和准则。

到 20 世纪 90 年代，语用学研究仍不断有新的成果出现。例如，1993 年梅伊的《语用学概论》；1995 年托马斯（J. Thomas）的《言语交际中的意义：语用学概论》；1996 年尤尔（G. Yule）的《语用学》。国际语用学会自 1986 年成立以来，已举办多次国际语用学研讨大会，该学会的学术刊物《语用学》也由原来的季刊改为月刊，足见语用学研究在国际上的旺盛势头。

（二）西方语用学研究流派和发展趋势

语用学是关于语言使用的学科。以这种基本的认识为前提，国外语用学研究形成了两大流派：英美学派的微观语用学和欧洲大陆学派的宏观语用学。微观语用学认为语用学如同音位学、句法学、语义学一样，是语言学一个相对独立的研究领域，即"分相论"；宏观语用学认为语用学是对语言和交际的认知、社会和文化方面的研究，它是对语言功能的一种综合研究，即"综观论"。

当前，语用学的研究趋势是向完善理论体系和拓宽应用领域两个方面发展。

1.完善理论体系

完善理论体系是沿着以下三个方向朝纵深展开的：

一是突破英美语用研究传统，将语用学具体化为一种从认知的、社会的和文化的整体角度对语言现象的综观，形成与英美传统对垒的语用"综观论"。

二是着力尝试语用研究方法论的革新，不再将语用学局限于语言哲学的定式。

三是关注语言使用与社会文化、大脑神经等的关系。

2.拓宽应用领域

拓宽应用领域出现了新的研究方向。

（1）学科融合的多元化研究

随着语用学理论的不断完善，其应用范围也不断扩展，并由此催生了一批新的交叉学科。认知语用学、社会语用学、文化语用学、语际语用学、语用修辞学等已成为语用学研究中蓬勃发展的新领域，并显示出强大的生命力。语用学研究的多元化趋势还表现在对语用研究的本土化认识方面。随着语用学研究的深入发展，许多学者认识到，语用研究的语料不能仅局限于英语，而应考察各个国家语言的特色。国际语用学会前主席井出祥子曾发起了题为"Emancipatory pragmatics"（解放语用学）的四个专题讨论。她指出，语用学研究应有一些新的研究方向，应将单向追随西方语言理论转变为多向的学术争论和探讨，因为源于西方的语言研究存在诸多局限，我们应从观察本国的自然语料出发，避免文化简约主义和线性思维方式，从既定的研究框架中解放出来，从而获得世界各国语言的语用现象及其研究成果，形成新的研究范式。

（2）语境的多层面作用研究

以往对语境的讨论常常涉及图形-背景论，该理论把语境视为连接交际行为和环境的关系构建体，并把语境划分为静态语境和动态语境，或社会、文化、认知和语言语境。根据语境的复杂性和多样性，有学者曾发起了题为"Context and contexts:parts meet whole?"的四场专题讨论，探讨了语境的多层面性和多层次性。

（3）语篇的多维度研究

语篇研究在语用领域占据着重要的地位，涉及媒体语篇、政治语篇和学术语篇等多个方面，揭示了语言结构背后隐藏的意识形态和权力关系。

二、我国语用学研究的发展

（一）我国语用学研究的三个阶段

我国于 20 世纪 80 年代初期开始从国外引进语用学的相关研究，经历了理论引进、修正补充、研究应用三个阶段。

1.理论引进

20 世纪 80 年代国内的语用学研究以介绍和评价西方语用学理论为主。最早向国内学者全面介绍语用学的是北京大学的胡壮麟教授。1980 年，他以"语用学"为题，从语用学的研究对象和方法、各个语言学派对语用学的评论及语用学规则等四个方面介绍语用学。何自然以"什么是语用学"为题，集中讨论了语用学的定义、由来、方法及其与语义学的关系。同时，他把语用学分为三个不同的研究领域：纯语用学、描写语用学和应用语用学，并针对这三个不同的领域提出了三种不同的研究方法。

国内其他知名学者对语用学理论进行研究的还有：戚雨村在《语用学说略》中较为全面地论述了语用学的兴起、发展和研究范围，如指示、预设、言语行为理论以及合作原则、礼貌原则和会话分析等。何自然的《语用学概论》和何兆熊的《语用学概要》在他们各自研究的基础上几乎介绍了列文森《语用学》和利奇《语用学原则》中的所有内容。这一时期介绍并评述语用学理论的论著也有很多，这些论著的作者大都在引进西方理论的同时提出自己的见解，重在"评"。例如，孙建荣的《语用学原理》是一篇对利奇的《语用学原则》进行评介的书评；花永年的《"言语行为模式"浅析》以"语境互相知信""语言前提""交际前提"和"字面前提"为重点，详细评析了美国语言学家贝奇（K. Bach）和哈尼特（R. M. Harnish）提出的言语行为模式。

此外，名家的评介文还有很多，如程雨民的《格赖斯的"会话含义"与有关的讨论》、何兆熊的《话语分析综述》以及廖秋忠的《〈语义学与语用学〉的探索介绍》和《语用学原则》等。还有一些语言学家直接翻译国外语用学论著。这些国外语用理论的引进对国内学者了解国外语言学动态和先进的理论起到了积极的作用，开阔了国内语言研究者的视野，有助于他们在了解这些理论的基础上进行理论创新。

具体来说，国内学者更加了解语用学重要且基本的理论，比如指示、言语行为理论、预设、会话含义、会话结构、合作原则、礼貌原则等。同时，让人们了解语境研究的重要性，把语境研究纳入语义研究范围，实现了从语义向语用研究的过渡，创建了语用研究的基本体系。

2.修正补充

自 20 世纪 80 年代中期开始，不断有学者对国外语用学理论进行修正和补充。例如：钱冠连对格赖斯（H. P. Gice）的合作原则进行的修正；顾曰国结合汉语对布朗（P. Brown）和列文森的"礼貌原则"和"面子"概念所作的修正，对言语行为理论所作的补充；徐盛桓对古典格赖斯主义和新格赖斯会话含义理论的语用推导机制的修正和补充，以及对新的会话含义理论框架的构建，等等。这些研究丰富和发展了语用学理论，为建立汉语语用学理论奠定了基础。

3.研究应用

语用学理论在汉语研究中的运用，推动了汉语语用学研究的快速发展。早期的汉语语用学研究是从语法角度展开的，其主要思想是句法、语义和语用三个平面相结合，它是文炼、胡附在合写的《汉语语序研究中的几个问题》一文中提出来的。在此后的十几年里，语法学界关于三个平面学说的讨论很热烈，许多学者就此撰文阐述自己的观点，如范开泰、史锡尧、施关淦、范晓、胡裕树、廖秋忠、杨成凯、邵静敏等。

语用学理论在汉语中的应用研究，是运用语用学的理论和方法来分析汉语语言事实，解决汉语实际问题。这方面的研究也取得了可喜的成果，比如马希文、方梅利用"预设"概念分析了汉语中与副词"再"有关的句式，对比了焦点的句法表现手段等语法现象；范开泰、徐赳赳、施关淦、袁毓林从语用角度对汉语中的省略和隐含现象进行了考察和分析；沈家煊、徐盛桓对语用否定和含义否定问题作了较为全面的描写和讨论；王建华、程雨民、袁毓林、杨亦鸣等运用语用学理论研究汉语歧义句，部分地解决了汉语歧义问题。

我国汉语界在语用研究方面的突出成就是对语境的研究。1991 年，在山东大学召开的第二届全国语用学学术研讨会上，各个学者从语境的意义和性质、范围和构成、分类和分级、功能和作用，语境与其他学科之间的关系，以及语境的研究方法等方面进行了深入探讨。1992 年，国内出版的第一部语境研究论文专集《语境研究论文集》收集了中外学者关于语境的研究论文（或专著节选）40 余篇，从语境研究的历史与现状展开论述，探讨了语境对语言的微观和宏观结构的制约、语境与语言教学等方面的问题，比较全面地反映了几十年来有关语境研究的概貌。

近年来，比较有影响的语境研究专著有王占馥的《语境学导论》《语境与语言应用》《汉语语境学概论》，刘文义的《语境学》，冯广艺的《汉语语境学概论》《语境适应论》，王建华的《现代汉语语境研究》，充分展示了汉语语境研究的丰富成果，显示出其蓬勃的发展生机与活力。

近几年来，国内出版的语用学专著、教材、论文集等数量众多。国内第一部语用学专著是何自然的《语用学概论》，该书几乎囊括了列文森《语用学》一书各个部分的内容，被许多高等院校选为语言学专业教材，并于 2002 年出版修订本，汲取了国内外语用学研究的最新成果。何兆熊的《语用学概要》也是在外语界很有影响的教科书和参考书之一，该书再版时吸收和补充了国内外语用学研究的最新成果。钱冠连的《汉语文化语用学》则可以说是我国第一部以汉语为语料、以汉语文化为背景的语用学专著，代表了汉语文化语用学研究的最高成就。

熊学亮的《认知语用学概论》对语用学各个流派的理论进行了扼要介绍，并对关联理论、认知语境、语用推理和认知语法等问题作了较为全面的介绍，从中可以了解语用学发展历程。何自然、冉永平的《语用与认知——关联理论研究》收录了国内关联理论研究的代表性成果，为推动我国语用学研究向纵深发展，建立具有中国特色的语用学理论体系做了有益的探索。索振羽的《语用学教程》是国内最早为中文系汉语言专业研究生编写的语用学教材。该书在言语交际总框架中研讨了语用学的各个重要课题，并根据汉语运用实际对西方学者提出的某些理论作了修正和补充，提出了自己的新理论或准则，具有较高的学术参考价值。

其他的语用学专著或教材还有：左思民的《汉语语用学》，康家珑的《交际语用学》，应天常的《节目主持语用学》，戈玲玲的《教学语用学》，史尘封和崔建新的《汉语语用学新探》，王建华的《语用学引论》，姜望琪的《语用学：理论及应用》和《当代语用学》，罗国莹的《语用学研究与运用》，陈新仁的《语用学新发展研究》，等等。

（二）我国语用学研究的新动向

我国语用学研究的新动向如下。

1.开始从多个角度和维度研究语用学

众多学者从认知角度、语言哲学角度和综合角度审视语用问题，成为语用学研究的新趋向，从认识论、本体论出发讨论一些重要语言理论问题成为时尚。我国语用学研究从比较单一的理论思维走向更为全面、科学的研究范式。

2.从静态研究过渡到动态研究

在语境研究方面，以往研究者只把语境视为一组变量的静态组合，如今研究者看到了语境在交际过程中的变化，同时注意到了语境对语言形式的制约作用，开始研究交际参与者怎样控制和调动相关语境因素以达到自己的交际目的。

3.研究重心从理论研究到实证研究再向应用研究转移

目前，我国的语用学研究开始从理论研究转向实证研究和应用研究，研究者更加尊重语言事实，努力搜集和研究语料，让语料说话，把目光放在语用理论对具体语言现象的解释上。

总的来说，西方的语用理论是以英语作为语料来进行研究的，目前我国学者还没有建立新的有我国特色的语用学理论，对汉语一些语言现象的研究还远远不够。我国的语用学研究必须靠外语界和汉语界研究者齐心协力，加快对西方的语用学理论的跟踪、介绍、研究、引进和借鉴，加强国内外语用学研究者之间的交流与对话。此外，要以汉语为语料，参照国外理论，从汉语应用的实际情况出发，根据汉语的特点和语义描写的目标实现汉语语用学的理论创新，创造出自己的理论，形成自己的理论流派，把国内语用学理论研究成果推向世界。同时还要在语用学的形式化手段上加强研究，把语用学的应用研究拓宽到人工智能、计算机语言处理等领域。

第二节　语用学的系统、
研究内容及研究方向

一、语用学的系统

语用学是一个由众多因素构成的复杂的网络系统，一切与语言运用有关的因素都应包含在内。构成语用学系统的三大要素是话语、语境、交际者。其中，话语的意义和内容是语用的核心，语境是语用的条件，交际者是语用的主体，这三大因素互相联系、影响和制约，构成了语用学的完整系统。语用学研究的六大热门话题如图 1-1 所示。

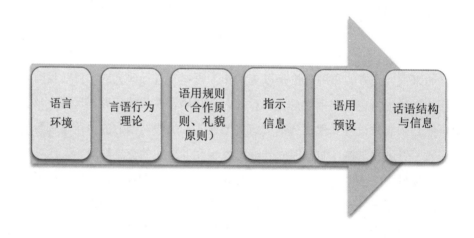

图 1-1　语用学研究的六大热门话题

二、语用学的研究内容

（一）研究一般的句子意义

研究一般的句子意义属于语用学和语义学之间的交叉领域。这方面的研究侧重句子意义的语用表现，研究直接与语言形式有关的意义，所以它属于语言学的研究领域。

（二）研究语境条件下的句子意义

即在特定的话语环境下研究句子的使用意义或操作意义。为此，要考察诸如话语环境、参与谈话的角色及对话的类型等语境条件，考察诸如说话人的语气、声调、着重或强调方式、方言的使用、语码混用等语用因素，从而确定参与谈话的人所扮演的角色。

（三）研究说话人意义

说话人通过特定的话语表达他意图表达的信息，这方面研究的重点是影响这种信息理解的语言、语境和语用因素。

（四）研究听话人意义

听话人意义即听话人对听来的话语意义的理解。这方面研究的重点是说话人的话语特征；听话人利用语境理解说话人所表达的信息意图；导致听话人对说话人所说话语产生误解的因素和这些话语对听话人所产生的不同程度的影响。这方面的课题往往涉及言语交际中的认知、关联理论的研究和实践，这正是研究听话人意义的重要内容。

（五）研究话语意义

研究如何正确理解听来的话语，从而作出适当的应对。这方面的研究大都是动态研究，内容包括话题变换标志的研究；参与谈话的人如何对话语的观点进行论辩和阐述；对特定的言语行为如何表述其顺序和层次，研究它们是否在听话人意料之内；如何认定说话人态度是真诚还是讨好，以及他使用何种手段来获得说话的机会。这方面研究的重点是会话分析。

三、语用学的研究方向

（一）纯语用学

纯语用学是语言哲学的一个重要研究内容，主要探讨语用学的形式和范畴，研究语用学形式化的最适宜的方法。纯语用学主要从意义与文化、语言逻辑、语言行为与模式等方面探索语言在人类活动中的作用。

（二）描写语用学

描写语用学指对一种语言与情境结合而出现的种种用法加以描写，它是经验性的，也就是说，描写人们来自经验的有关自然语言的应用原则，分析自然语言如何与语境相联系。描写语用学还要解释制约词语和结构意义的种种语境因素。如果说描写语法讲的是人们遣词造句的"语法能力"，那么，描写语用学讲的就是人们为达到某一特定交际目的的"语用能力"

（三）应用语用学

语用学的原则和方法不仅普遍地应用于语言学各核心学科（音位学、句法学等）和边缘学科（社会语言学、心理语言学等），还广泛地应用于与理解话语有关的所有领域，如文学、修辞学、语言教学、人机对话、人际交往中出现的障碍，等等。语用学插图如图 1-2 所示。

图 1-2　语用学插图

第三节　语用学与其他有关学科的关系

语用学关注（特定社会、心理、物理语境下）语言与使用者之间的关系，而这必然会覆盖很多研究领域，可谓"幅员辽阔"，因而会涉及很多相邻学科。

一、语用学与语义学

语义学和语用学都研究语言的意义，它们的根本区别在于是否涉及交际者和语境。涉及交际者和语境的就属于语用学范畴，否则就属于语义学范畴。语用学和语义学是互不相同但又互为补充的两个研究领域。

奥地利哲学家、逻辑学家卡纳普（R. Carnap）认为，如果一项研究明确涉及说话者，或者更通俗地说，涉及语言使用者，就把它归入语用学；如果从语言使用者那里只摘取一些词语及词语所指的对象来进行分析，就属于语义学。

何自然在《语用学概论》中指出："语义学研究的意义是句子的认知意义，是不受语境影响的意义。而语用学也研究意义，但那是言语使用上的意义。语用学也研究条件，但那是传递语言信息的适切条件，因此，语用学研究的意义是话语行为的意义，是在语境中才能确定的意义。"

语用学与语义学相邻。二者都是关于意义的研究。利奇认为，二者是互补的关系，前者研究动态语境下的意义，尤其是说话人的意义（可能对应于话语的语言意义，也可能是言外之意，通过语用推理获得）或互动中的意义，而后者研究静态的语言意义、语句的真实意义，并不考虑交际语境及交际者意图对语句意义的影响。当然，最新研究表明，动态语境下语句的语言意义有时也涉及语用推理，如此一来，语用学与语义学的边界就不是那么清晰了。以此类推，语用学与句法学、语音学、形态学等也存在类似的相邻关系。

话语意义和句子意义是语言学家用来区别语义学和语用学的重要依据。语义学关心的是语法形式所描写的意义，而语用学关心的是话语功能所描写的话语意义。要区分这两种意义，首先要区分句子和话语。句子是语法理论中的一个抽象的理论实体，是一个语法单位，它的构成要符合一定的语法规则。话语是语言交际中的一个单位，可以是一个完整的句子，句子是抽象的，没有时间性的，游离于语境之外的概念，而话语在一定程度上是与情景紧密联系在一起的。例如，"我要这本书"，"我"所指为何人？"我"究竟是要借这本书还是要买这本书？还是有别的意思，不在现场，就难以确定。由此可见，句子意义是抽象的、孤立的，话语意义是具体的，是从句子意义中抽离出来的，比句子意义更丰富，也可以说是句子意义和情境相结合的产物。

二、语用学与修辞学

二者的关系其实非常复杂，不同学者对二者之间的关系有不同的看法。如果说修辞学研究的是语言中具有修辞效果的部分，那么，修辞学似乎应该隶属于语用学，因为语用学从定义上看就是研究所有语言的使用情况的学科。如果说语用学只是被界定为研究特定的话题（包括言语行为、含义、预设、礼貌、会话组织等）的学科，那么修辞学自然不（完全）属于语用学。语用学也研究隐喻、转喻、夸张、反语、轭式搭配等，但关注的是这些修辞性话语的语用推理和传达的会话含义等，对修辞意图和效果则关注不多，而辞意图和效果是修辞学关注的焦点，从这个意义上讲，语用学与修辞学是互补关系。

虽然语用学和修辞学都是研究语言运用的学科，但是，修辞学主要从表达的角度研究语音的调配、词语和句式的选择、辞格的运用以及语体、风格等。而语用学是从表达和理解的角度研究语境、言语行为、指示信息、语用规则、语用预设、话语结构与信息等问题。修辞学也已注意到语境在话语表达中的重要作用，陈望道先生的《修辞学发凡》中有"题旨情景"说，但是面对纷繁复杂、呈开放性的语境，许多问题的研究还有待深入。运用修辞的目的是加强语言的表达效果，而语用研究的目的是加强表达和理解话语的效果。由此可见，修辞学所研究的内容无疑也是语用学所要研究的，但是其研究侧重点各有不同，就研究的深度和广度来说，语用学要大大超过修辞学。

三、语用学与社会语言学

语用学与社会语言学相邻。二者都研究语言使用与社会的关系（语言使用对社会的影响以及社会对语言使用的影响）。根据托马斯的观点，二者的区别在于前者研究动态的语言使用，涉及具体场景的交际个体，考察可变的、临时的社会因素（如相对地位、社会角色）对特定交际事件的影响，以及说话人如何利用其社会语言资源实现特定的交际目标；而后者关注的是相对静态的语言使用，不涉及具体场景的交际个体，考察稳定的、固定的社会因素（如性别、年龄、社会阶层、种族等）在语言层面的系统反映。举例来说，语用学和社会语言学都关注性别对语言使用的影响，但前者往往聚焦特定女性交际者如何呈现或利用女性这一身份属性进行交际以实现特定的交际意图，而后者则考察女性在交际中使用语言时一般具有的话语特征，如语速、句子完整性、语言间接性等。在一定意义上，语用学"寄生于"社会语言学。社会语言学告诉我们特定社会个体所拥有的社会语言资源，语用学则告诉我们个体如何利用这些资源。

语言运用本身就是一种社会现象，因此语用学与社会学（及相关的社会语言学）之间的关系更加密切。语用学在一些学者心目中就是社会语言学的一部分。由于语用学是一门与社会语言实践有关的学科，其研究对象涉及社会生活的方方面面，如政治、经济、文化、外交等。例如，不同的文化对于礼貌原则、言语行为的合适条件等有不同的认识，这就需要运用语用理论作出解释；又如，政治、经济等因素对使用语言时的选择有制约作用，语用学就是要对这种制约作用产生的原因、制约的语用功能以及如何顺应这种制约等进行研究。语用学对人们在社会生活中的交往，尤其是在言语交际中语用策略的选择等具有指导作用，它对语言规范和语言建设也有借鉴意义。另外，社会的发展、各种制度的演变，对外交往的日益频繁等也影响着语言的使用，为语用学的研究提供了更多的素材，促进了各种各样的语用学分支学科的出现，也推动了语用学自身的发展。总的来说，语用学与社会学是一种相互影响、相互作用的关系，这一关系为社会语言学提供了广阔的研究天地。

语用是人类的言语活动，不仅牵涉到语言结构本身的语音、词汇、语法等要素，还牵涉到语言之外的许多因素，如社会文化背景、语言心理、美学情趣等，因此语用学与语音学、词汇学、语法学、文字学、社会语言学、文化语言学、心理语言学、美学等都有较为密切的联系。

四、语用学与其他研究领域

认知语言学并非语言学的分支学科，它是一个新兴的研究领域，也是一种新的研究视角。认知语言学主要是结合语言使用者的认知方式、能力、经验来研究语言，因此语用学可以借鉴认知语言学的研究成果来分析具体语境下的语言使用情况。话语分析和会话分析都可以看作是研究方法，也都可以看作是话语或会话层面上的形式或功能分析，是拥有独立研究主旨、目标、方法的研究领域。与其他学科（如心理学、传播学等）一样，语用学可以借鉴话语分析和会话分析的研究方法，进行语言使用的研究。

第四节　语用含义及语用活动过程

一、语用含义

（一）语用含义的特点

语用含义是语用学的重要内容之一。语用学给语言事实提供了一些重要的功能方面的解释，这就是说，它不是从语言系统内部（语音、语法、语义等）去研究语言本身表达的意义，而是根据语境研究话语的真正含义，解释话语的言下之意、弦外之音，这种言下之意、弦外之音即语用含义，又叫话语意义。语用含义具有以下三个特点。

1.情境性

情境性的语用意义不是从语言符号的内部——语音、语法等方面获得的，而是从语言符号外部——语境获得的，它与语境有着密切的联系。一个词，在字典、词典里没有高下优劣之分，但是用到具体的话语里，即使是最普通的词，有时也会产生良好的表达效果。例如，鲁迅在《孔乙己》中描写孔乙己拿钱买酒的动作时，写道"排出九文大钱"，一个平淡无奇的"排"字，在这里却"叮当作响"，境界全出，原因恐怕与"排"字的符号意义没有多大关系，重要的是它所处的情境，情境使它光彩照人。

2.流变性

流变性的语用意义是在一定的交际环境中产生的，它的内容总是随着语境的流动、变化而不断变化。同样一句话、一个词，语境不同，它所表达的意义也有所不同。例如，下面《雷雨》中的几个句子，多次用到"好"这个字，那么，它们的意义有无差别呢？又何以判断其差别呢？这必须借助上下文语境来理解。

例一：

> **鲁侍萍** 她遇人都很不如意，老爷想帮一帮她吗？
>
> **周朴园** 好，你先下去吧。

例二：

> **周朴园** （冷笑）这么说，我自己的骨肉在矿上鼓动罢工，反对我！
>
> **鲁侍萍** 你不要以为他还会认你做父亲。
>
> **周朴园** （忽然）好！痛痛快快的！你现在要多少钱吧！

例三：

> **鲁侍萍** （苦笑）哼，你还以为我是故意来敲诈你，才来的吗？
>
> **周朴园** 也好，我们暂时不提这一层。

例四：

> **鲁侍萍** ……大后天，我就带着四凤回到我原来的地方。这是一场梦，这地方我绝对不会再住下去。
>
> **周朴园** 好得很，那么一切路费、用费都归我担负。

例五：

> **鲁侍萍** 三十年我一个人都过了，现在我反而要你的钱？
>
> **周朴园** 好，好，好，那么，你现在要什么？

例六：

> **鲁侍萍**　我希望这一生不要再见你。
>
> **周朴园**　（由内袋取出支笔，签好）很好，这是一张五千块钱的支票，
> 　　　　　你可以先拿去用。

例一中的"好"为结束义，即"好了"，因为下文"你先下去吧"已转换了话题。例二中的"好！"为"同意"的语气义。面对鲁侍萍的控诉，周朴园心中自然有多种想法，但为了维护他"老爷"的尊严，他"忽然""痛痛快快"地接受了这个现实。例三中和例五中的"好"属于同一类，表示一种略带夸张而兼有结束的意味，相当于"罢了"。这种意义很微妙，既不明确表示赞同，又有某种保留。联系上下文语境，这种保留能补充出来。例四中的"好得很"和例六中的"很好"大致属于同一类，表示赞许、肯定，特别是两个程度副词"很"，使这种赞许的意味更加浓厚。

与上下文语境相联系可以看得更清楚。例四中鲁侍萍说她要离开此地，绝不会再回来了，例六中鲁侍萍又说她一生再不愿见到周朴园，这对周朴园而言是求之不得的，潜在的危险可以排除，他当然非常高兴，禁不住连声说"好得很""很好"。这几处"好"在各自上下文语境中，具有不同的意义，读者必须自觉利用语境策略加以确认，才能深刻认识周朴园这个人物，加深对作品以及作家高超的遣词艺术的理解。

3.临时性

由于语用意义依赖语境，受交际内容的影响，这就使得语用意义具有临时性，语境一旦变化，原来的语用意义也就随之消失。这样，语用意义就不可能固定不变，不可能像符号意义那样，可以在字典、词典中找到。例如，"你好聪明啊！"这句话，"聪明"在一定的语境中可能是"狡猾"的代名词，而"狡猾"这一语义是临时的。又如诗文《远与近》：

> 你
> 一会看我
> 一会看云
> 我觉得
> 你看我时很远
> 你看云时很近

"你""我"的物理距离实际上很近，但"我"觉得"很远"，"你"与"云"的物理距离实际很远，而"我"却觉得"很近"。这描述的是说话人对所述人或事的心理距离，或者说是情感距离所导致的临时性心理距离。

（二）语用含义的重要价值

语用含义的重要价值可以从以下几个方面反映出来。

第一，语用含义不是揭示人们说了什么，而是告诉人们说这句话可能意味着什么。

例一：

> **鲁侍萍**　她遇人都很不如意，老爷想帮一帮她吗？
> **周朴园**　好，你先下去吧。

例二：

> A：最近手头有点紧，你能不能……
> B：我儿子今年上大学。

如果从字面上看，以上两个例子似乎答非所问，但从会话含义去理解，例一中周朴园的答话显然是回避，暗示对方不想回答这个问题。例二中，B 的回答委婉地告诉对方：我也手头紧，儿子上大学花费很大，没有钱借给你。

第二，语用含义不是解释同一词语或同一句话有多少种意义，而是说明一个词语或同一句话具有几个可能的"说话人意义"。

例如：

> 在服装店里，她指着一件白底碎花的上衣笑眯眯地说："我喜欢白色的。"女友选了两件衬衣，一件纯白的，一件浅红的，但一时拿不定主意，便扭过头问她："你看哪一件好？""我还是喜欢白色的。"她始终觉得白色代表纯洁，女孩子嘛，纯洁高于一切。

在上面例子中，"白色"一词出现了两次，表示的却是不同的意义，语用含义理论认为，这不能说"白色"有两个意义，而只能说是说话人在不同的场合，用它来表示不同的含义。语用含义理论可以简化语义结构和语句描写的内容，认为自然语言的词语意义是简单而稳定的，只是围绕着这个稳定的语义核心经常有以特定语境为转移的不稳定的语用因素，即语义上的差别。

第三，语用含义的推导有助于组成广义的同义结构群，丰富词语的释义。例如，张三对李四投机取巧的做法不满，他可以用不同的语句表述：

> 你这种投机取巧的做法是不对的。
> 我讨厌你这种投机取巧的做法。
> 你这种投机取巧的做法得改改了。
> 你这人真鬼。
> 你这人真狡猾。
> 你这条老狐狸。
> 你真聪明！
> ……

第一句是直截了当的客观评价；第二句个人主观色彩较重；第三句用了规劝的口吻；第四句活用名词"鬼"；第五句使用形容词"狡猾"；第六句用了借喻；第七句用了反语。这是在特定的语境下，靠语用含义推导而组成的广义的同义结构群。

二、语用活动过程

语用活动的过程即表达和理解的过程。用语言学的术语来阐述：表达的过程就是编码过程，理解的过程就是解码过程。这个过程经历了心理过程、生理过程和物理过程。瑞士语言学家索绪尔在《普通语言学教程》中说，被称为概念的意识事实是跟用来表达他们的语言符号的表象或音响形象联结在一起的。假设某一个概念在脑子里引起一个相应的音响形象，这完全是一个心理现象。接着是一个生理过程：脑子把一个与那音响形象有相互关系的冲动传递给发音器官，然后把声波从甲的口里传播到乙的耳朵——这是纯粹的物理过程。随后，循环在乙方以相反的程序进行着：从耳朵到脑子，这是音响形象在生理上的传递；在脑子里，是这形象和相应的概念在心理上的联结。如果轮到乙方说话，这新的行为就继续下去——从他的脑子到甲方的脑子，进程跟前一个完全相同。

索绪尔所描述的言语交际双方交际的过程也就是语用活动的过程，在这个过程中，心理过程是非常重要的：发出信息的人如何才能使接受者正确地理解自己的语言信息？接受信息的人如何才能正确地理解发出信息者传过来的语言信息？在众多影响因素中，语境因素起着关键作用。

丹麦语言学家叶斯柏森（O. Jespersen）认为，语言实质上是人类的一种活动。在语言活动中传达的东西，不是图片那样单一的东西；在语言活动中的传达，也不是像投影仪那样的传达，即说话人单纯地把"图片"投射到听话人脑子里。语言活动是一个复杂的互动过程，说话人要根据听话人的知识状况和当时的语境条件进行语言编码，听话人也要根据说话人的知识状况和当时的语境条件进行译码。

在语用活动过程中，话语处于核心地位，但在整个过程中都离不开语境的制约。概括起来，在语用活动过程中应处理好下面几种关系。

第一，编码和话语。编码时要考虑选择什么样的语言材料表达自己的意愿。

第二，解码和话语。解码时如何准确把握话语信息。

第三，编码和语境。编码者怎样编码，受自身生理和心理机制、语言能力、语用能力、知识结构、综合素养等各方面条件的制约。

第四，解码和语境。解码者怎样解码，同样受自身生理和心理机制、语言能力、语用能力、知识结构、综合素养等各方面条件的制约。

第五，话语和语境。无论是编码还是解码，都必须把话语放在一定的语境中。

例如：

阿凡提理发

阿凡提当理发师时，大阿訇总是来找他剃头，却从来不给钱。阿凡提很生气，想狠狠整他一顿。有一天，大阿訇又来理发，阿凡提先给他剃光了头，在给他刮脸的时候问道："阿訇，你要眉毛吗？"

"当然要，这还用问？"阿訇说。

"好，您要我就给您！"阿凡提说着，嗖嗖几刀，就把阿訇的两道眉毛刮下来了，递到他手里，大阿訇气得说不出话——谁叫他说过要呢？

"阿訇，胡子要吗？"阿凡提又问。"不要，不要！"大阿訇连忙说。

"好，你不要就不要。"阿凡提说着，嗖嗖几刀就把大阿訇的胡子刮下来，甩在地上。

阿凡提的话表面上是合作的、礼貌的，实际上他悄悄地违反了语用规则中的"方式原则"，故意说一些带歧义的含糊的话，导致对方吃了个哑巴亏。合作原则和礼貌原则是语用学研究的重要语用原则，合作原则和礼貌原则经常会发生冲突，这是产生会话含义的重要因素之一。

在交际中，言语和语境是分不开的。张志公先生曾举例说，如果孤立地说"我是牛皮的"这句话，会令人不解，而且滑稽可笑，是个病句；如果放在一个语言环境里，甲指着乙对丙说"你看我俩的鞋很像，但不一样，他是羊皮的，我是牛皮的"。这句话就通顺了，没有什么疑问，也不会让人觉得可笑，只觉得简洁。可见，情境对语用学来说极为重要，离开了情境，也就没有话语意义了。

第五节　语用学的界面研究

"界面"源于英文单词 interface，它在《新牛津英语词典》里的解释为"（两学科、体系等的）接合点，交叉区域"。根据这个定义，语用学的界面研究指语用学和其他学科的交叉研究。本节先探讨语用学与语言学内部学科的界面研究，再探讨语用学与语言学外部学科的界面研究。

一、语用学与语言学内部学科的界面研究

语用学与语言学内部学科的界面研究主要是对语用学与语义学、词汇学和认知语言学等学科的关系进行研究。语义和语用界面研究主要围绕着如何弥补格赖斯的经典会话含义理论的缺陷。格赖斯根据"修订了的奥克姆剪刀"原则，即字面意义除非必要不作多义解释，把交际内容分为所言和所含，并认为所言属于语义学范畴，所含则属于语用学范畴。然而，所含中区分的规约含义、一般会话含义和特殊会话含义构成了语义-语用连续体；规约含义完全依靠语词的规约特征推导，一般会话含义是使用某些语词，不依靠语境带有的含义，既与语义内容相关，也与语用成分相联，特殊会话含义与话语的语

义内容无关，完全依靠语境推导。所含中的一般会话含义既与语义内容相关，也与语用成分相联，这使语义学和语用学形成了连续体。因此，格赖斯对于所言和所含的严格区分并没有解决语义学和语用学之间的界线问题，暴露了其理论的局限性。

就如何弥补格赖斯经典会话含义理论的缺陷问题，国外的语义和语用界面研究形成了四种不同的观点。第一种观点是语义-语用界面论，代表人物有列文森和黄衍。他们反对格赖斯把交际内容分为所言和所含两层。在列文森看来，交际内容包含三层意义：句子意义、话语类型意义和话语例示意义。列文森同时指出，话语类型意义是先于语境的优先解释的意义，是语言结构自身带有的意义。也就是说，它是完全基于语言的形式特征和话语的内容而与语境无关的默认意义。它的推导过程受引发性原则（Q 原则、I 原则和 M 原则）制约，因此话语类型意义包含三种类型：Q 含义，I 含义和 M 含义。其中，Q 含义包括级差含义、小句含义和交换含义。列文森认为，话语类型意义既不能归到语义学，也不能归到语用学，它属于二者的交叉层面。因此，列文森的意义三层论无疑使语义学和语用学的界线更加模糊。

第二种观点是语义-语用分工明确论，代表人物为巴赫（K. Bach）。巴赫认为，格赖斯关于所言和所含的划分太过严格。他赞同列文森的观点，即所言和所含之间存在一个中间意义的层面。因此，他也把交际内容分为三层：所言、隐义和会话含义。其中，隐义即暗含在所言中的一种意义，完全不同于所言，但又是从所言中推导出来的；它超出了所言，但与会话含义有根本的区别。它通过补足和扩展两种语境过程实现。补足指话语的命题不完整，即只是一个基本命题，只有在推导的过程中不断补足，才能消除话语的不确定性；扩展是指虽然话语的命题内容完整，但需要概念强化，使交际的意义充分表现出来。

例如：

The princess is late (for the party).

Andre weighed 500 pounds.(exactly)

尽管例句中第一个句子是完整的，但是它在语义上或概念上不完整，它的规约意义只是命题的一部分，或者说是命题最基本的部分，将其补全后才能确定话语表达的意义。第二个句子的命题是完整的，即它是一个最简命题，扩展后会使交际意义更加明确。总之，补全指填充一个命题基，而扩展指使话语的最简命题意义更为充实。巴赫进一步指出，所言指明确陈述的意义，它属于语义学的研究范围；隐义虽然是指所言中通过补足或扩充而得到的含义，但它不同于所言和所含，介于二者之间，隐义和所含是语用学研究的范畴。简而言之，语义学和语用学的分工明确，因为巴赫认为，承认语义学和语用学之间存在界面的观点是一种误导。巴赫多次强调，隐义不仅没有使语义学和语用学的区分更加模糊，反而使它们的分工更加明确。

第三种观点是语义-语用并合论，代表人物为杰斯译佐尔特（K. Jaszczolt）。杰斯译佐尔特否认语义学和语用学存在界面的可能性，她指出，正是因为语义学和语用学的界面、句法学和语义学的界面以及句法学和语用学的界面等界面研究，导致了人们对话语的解释出现了不同的观点。杰斯译佐尔特提出的默认语义学简化了诸多界面的作用，把语义学和语用学并合于一个意义层面。基于语义-语用并合论，真值条件内容表现为对来自词义、句子结构、有意识的语用过程和默认意义等语用信息的并合。杰斯译佐尔特摒弃了格赖斯关于所言和所含的区分，提出了主要意义和次要意义的区分方法。"主要意义是对所言扩充的意义，是首要的、直觉的、突显的意向意义；同时，它也是听话人识别的主要信息"。在杰斯译佐尔特看来，"主要意义可以视为一种并合表征，它有一个组合结构，这个结构依赖组合原则把语义信息和语用信息并合在一起"。对所言扩充的意义包含两种默认意义：一种是社会、文化和世界知识，来源于社会和文化组成的方式；而另外一种是认知默认，来源于人类思维过程的特征。

例一：

Pablo Picasso's painting is of a crying woman.

The painting executed by Pablo Picasso is of a crying woman.

例二：

The architect who designed St.Paul's cathedral was a genius.

Sir Christopher Wren was a genius.

例一中的"Pablo Picasso's painting"的意义扩充为"The painting executed by Pablo Picasso"，这种扩充依赖社会文化规约。杰斯译佐尔特指出，默认意义和交际意向的强度有关。交际有三种意向：交际意向、镶嵌在交际意向中的信息意向和所指意向。意向的程度受首要意向原则和意向程度原则制约，前者指交际中意向的首要作用是保证说话人话语中的指称对象；后者指意向的程度有强弱之分。意向的程度达到最强时，指称对象能够得到完全保证，听话人就可以用最小的力获得说话人的信息。当使用有定描述语时，意向的程度通常最强，因为它有特定的指称对象。

例二中的"the architect who designed St.Paul's cathedral"是一个有定描述语，它保证了听话人能够以最小的力获得说话人的指称对象，即 Christopher Wren，杰斯译佐尔特称之为"认知默认"，它与最强的所指意向相对应。这两种默认意义是突显的、自动的、省时省力的、无意识的，它与推论毫无关系。突显、自动、省时省力和无意识这三个特征决定了听话人可以省略中间的推导步骤直接得到默认意义。在杰斯译佐尔特看来，格赖斯所定义的一般会话含义或者对所言扩充的意义属于上述两种默认意义。

第四种观点是语用决定论，代表人物为关联论学者。关联论秉持真值条件语用学的思想，即包括真值条件意义在内的一切意义都由语用因素决定；同时，该理论还坚持"语言不确定论"，即句子表达的意义都是不确定的，它只有在具体语境中才能被确定。这两点决定了关联论框架下的意义研究不存在语义的可能性。关联论摒弃了格赖斯所用的"所言"这个术语，并认为没有必要区分一般会话含义和特殊会话含义，含义都必须在语境中依靠关联原则推导。该理论区分了显义和隐含。显义指话语的命题形式，隐含是话语在语境中的假设；显义指对话语里不完整的概念表征或逻辑形式的一种推论性扩展。根据卡斯顿（R. Carston）的解释，扩充逻辑形式的语用过程主要有两种：语义饱和和自由扩充。语义饱和是将逻辑形式中的变量或空缺补充完整的一个语用过程，而自由扩充指尽管句子的逻辑形式不存在空缺，其逻辑形式也需要概念上的充实。显义和隐含都是听话人依赖关联原则在特别语境下推导出来的，它们是属于语用的，语义和语用之间无界面。

语义和语用界面研究促使了词汇语用学的兴起。众所周知，索绪尔开创了以符号为语言基本分析单位的现代语言学。后来的乔姆斯基革命促使语言基本分析单位由符号转向句子。语义和语用学界面研究的最新成果使语言基本单位再次发生转向，即语言基本单位由句子转向语词。这个转向促成了一个新的学科诞生——词汇语用学，即语用学和词汇学的界面研究。它主要探讨语词或者词组层面的语用意义，即非整句成分意义。词汇语用学认为，语词的编码意义无法确定说话人使用该语词所要表达的意义，即词义不确定论。

例如：

Mary likes wearing rabbit.

Mary likes eating rabbit.

例中，rabbit 的词义是不确定的，在不同的语境下表达不同的意义。前一句中的 rabbit 指 rabbit fur，而后一句中的 rabbit 指 rabbit meat。后格赖斯语用学普遍认为 rabbit fur/meat 是基于 rabbit 的词义充实而来的意义。词义的语用充实主要包括两个过程：词义收缩化和词义扩大/松散。

例一：

The tea is warm.

The tea is not hot.

例二：

The playground is rectangle.

The playground is approximately rectangle.

在例一中，warm 有两层含义：at least warm 和 warm but not hot；在使用单词 warm 的时候，它的含义为 warm but not hot，意义由两个收缩为一个，进而 warm 的意义得到了进一步强化。这个过程被称为词义收缩或者词义强化。然而，例二完全不同于例一，它体现为"词义扩大"或者"词义松散"。在例二中，"长方形的操场"显然不是"标准的长方形"，而是一个"大约的长方形"。因此，"长方形"的词义扩大了。那么，词义语用充实的机制是什么？语用充实得到的意义是什么？这与前面提及的语义–语用界面研究的四种观点密切相关。语义–语用界面论认为，词义的语用充实意义是听话人依赖 Q 原则、I 原则和 M 原则推导出来的不依赖语境的默认意义；语义–语用分工明确论认为，该意义是听话人依赖补充或者扩展推导出来的隐义。语义–语用并合论认为词义的语用充实意义依赖组合原则而产生的默认意义，而语用决定论则认为该意义是听话人依赖关联原则推导出来的显义。从上面的分析可知，词义的语用充实一直是当今语用学界面研究的一个有争议的话题。

认知语用学指语用学与认知语言学的界面研究。国内外一般文献中提及的"认知语用学"往往是对认知语用学的狭义理解，即以关联论为基本运作模式的语用学研究。前面提及的关联论，从认知科学的角度提出了认知语用学，奠定了该学科的基础，完成了意义研究从哲学向认知的转变。以关联论为基础的认知语用学源于格赖斯的经典会话含义理论，被认为是一种以认知为导向、旨在为话语理解提供心理现实解释的语用理论。近二十年来，语言与认知科学的跨学科研究为认知语用学提供了新的契机，越来越多的学者摆脱了传统的格赖斯范式，开始运用认知语言学的理论阐释语用问题。他们的研究成果赋予了认知语用学新的内涵，即认知语用学从传统的关联论扩展为语用学和认知语言学的交互研究。

随着越来越多的认知语言学研究者关注语言的使用，认知语用学从传统的关联论范式扩展为基于认知语言学理论的语用研究，即从认知语言学中汲取理论养分来解释语用现象，这给语用学和认知语言学的界面研究提供了新的方向。认知语言学理论被广泛应用，来解释语用现象。例如，在语言使用理论基础上提出的认知语法被看作 20 世纪语言学中的语用转向，即从传统的语法理论（如句法学）转向以语言使用为中心的理论。兰盖克（R. Langacker）指出，语义学和语用学之间不存在固定的界线，即这两个学科很难清晰地分离，它们形成了一个连续统一体。从认知语法的角度来看，语用因素融入了语言表达式的规约意义。换句话说，语用推理模式被固着在语言表达式上。因此，认知语法对词义的解释整体来看依然属于语义解读，因为它更多地强调意义概念化的认知机制的激活。

认知语言学的其他理论同样关注语言的使用。例如，法比斯扎克（M Fabiszak）指出，原型范畴论是一个可分等级的结构，分析语义和语用现象时应该考虑语言结构中的原型效应。荷恩（L. Horn）从原型范畴的角度解释词汇语用克隆现象，认为它是一个心理上或知觉上凸显的典型或中心范畴成员。雷科夫（R. Lakoff）在原型范畴理论的基础上提出了理想化认知模型理论。玛玛利窦（S. Marmaridou）进而提出通过"指向理想化认知模型"来解释指示语，认为它涉及指向空间中的一个实体的语言行为、授权执行该言语行为的说话人和该言语行为指向的未聚焦的听话人，同时，说话人和听话人在给定的时间点共同存在于构建出的心理空间中。认知语言学对语用现象的研究并非有一个统一的理论框架，但是它的诸多理论都坚持百科信息知识观和基于语言使用的观点，通过具体语境激活概念决定语言意义。

语用学与语义学、词汇学和认知语用学的界面研究也一直备受国内学者的关注。沈家煊早在 1990 年就发表了《语用学和语义学的分界》一文，他指出，最早关于语义学和语用学界面研究对语义学和语用学分界问题的讨论，其目的与其说是为了最终解决分界问题，不如说是促使我们去对各种意义的性质及其推导过程做深入研究。总体上看，国内近十年的语用学与语言学内部学科的界面研究，主要具有以下五个特点。

第一，语用学与上述三个语言学学科的界面研究主要围绕如何解释含义，因此它们源于格赖斯会话含义理论的缺陷，国内学者更关注该理论对意义解释的不充分性。例如，张绍杰指出一般会话含义既具有语义的特征，也具有语用的特征，它的两面性与格赖斯倡导的语义和语用严格区分的观点相互矛盾；陈新仁认为格赖斯的会话含义理论对所言解释不充分，它无法解释所言中的语用成分；黄衍则认为诸如会话含义在内的语用充实内容可以侵入句子的真值条件意义，即格赖斯定义的所言；这种侵入所言的意义被称为新格赖斯语用学框架下的前语义会话含义。上述成果说明中国学者对格赖斯会话含义理论的研究方向发生了转变，即由过去的介绍转变为现在的批判和发展。

第二，后格赖斯语用学涵盖的范围进一步扩大。如何修正和改进格赖斯的会话含义理论一直是语用学研究的重要议题之一。传统语用学把荷恩和列文森的理论归于新格赖斯语用学，而把以关联论为代表的语用决定论归于后格赖斯语用学，形成了两大对立的学派。新格赖斯语用学主要修正了格赖斯提出的四条会话准则，而后格赖斯语用学则把格赖斯的四条会话准则浓缩为一条会话准则。随着语用学的快速发展，越来越多的语用学学者开始修正或改进格赖斯的会话含义理论，比如前面提及的语义-语用分工明确论和语义-语用并合论，这两个理论完全不同于新格赖斯语用学和关联论。因此，语用学的快速发展迫使语用学研究者必须更新术语的涵盖范围或者创造出一个全新的术语。21 世纪初，中国学者率先更新了后格赖斯语用学涵盖的范围。新时代背景下的后格赖斯语用学指一切以格赖斯意向理论为基础发展而来的理论。前面提及的理论都统称为后格赖斯语用学，范围的扩大满足了新时代语用学发展的迫切要求。

第三，语用学与上述三个语言学学科的界面研究的相关理论引介进一步加强。早在 20 世纪 90 年代，国内学者就引进了新格赖斯语用学和关联论，上述两个理论的研究在国内取得了丰硕的成果。近十年来，后格赖斯语用学的其他理论引起了国内学者的高度重视，如列文森的语义-语用界面论，巴赫的语义-语用分工明确论、杰斯译佐尔特的语义-语用并合论和语用决定论。但是近十年来的语用学研究不同于早期的语用学研究，因为近十年来的语用学研究主要从界面这个角度探讨不同理论对于意义解释的差异，而不是纯粹单一理论的引介。

第四，以关联论为代表的语用决定论依然是国内语用学研究者关注的焦点。自 20 世纪 90 年代何自然教授在国内率先引进关联论以来，关联论一直备受国内学者关注，相关的研究成果也颇为丰富。这也使以关联论为基础的词汇语用学的发展相当迅速，它主要表现在理论的引介和应用方面。例如，冉永平发表的《词汇语用学及语用充实》是我国第一篇比较系统地介绍关联论框架下的词汇语用学的论文。他还指出，关联论是解释汉语语用充实现象的最佳理论之一。因此，关联论是国内学者用于解释汉语词汇充实现象比较青睐的理论。相反，国内以其他理论为框架的词汇语用学的研究成果较少，如陈新仁从顺应理论的角度探讨了词汇构成中的阻遏现象；陈新仁运用模因论讨论了英语非作格动词"致使化"的成因与机制；陈新仁从语用身份论的角度考察了词汇的理解问题，这也为今后国内语用学的发展提供了广阔的空间。

第五，语用学与认知语言学的界面研究发展迅速，并逐渐形成了中国特色。前文提到，以关联论为基础的认知语用学是当今语用学和认知语言学的界面研究的主要代表，因此国内学界普遍认为认知语用学就是关联论。事实上，语用学和认知语言学的交互研究也属于认知语用学。为了区别以关联论为基础的认知语用学和认知语言学与语用学的交互研究，中国学者率先提出"新认知语用学"的概念。新认知语用学是指利用当代认知语言学的理论分析框架对语言交际开展认知研究。

具体来说，新认知语用学旨在运用依据人类基本认知方式解释语言现象的认知语言学基本原理解释言语产生和理解、语用推理和会话含义。认知语言学中的各种理论（如原型论、心理空间论、空间整合论、隐喻论和转喻论等）都可以用于解释语用现象。新认知语用学的提出完全可以避免学科上的误解，也使学科的划分更加清晰。此外，国内还有一些学者尝试用认知语言学的理论分析语用现象。例如，董成如用图式范畴化理论分析词义的收缩和扩大，并指出听话人需要根据语境知识收缩或扩大图式意义来理解说话人所要表达的具体意义。张延飞和张绍杰则运用认知语法论证非级差集合产生的含义是依赖语言使用规约激发的认知默认。

上述五点告诉我们，国内语用学和语言学内部学科的界面研究沿着引介—批判—应用—创新这条主线发展，并在此基础上取得了一定的成绩。总体来看，我国的研究主要以引介、批判和应用为主，并未形成具有中国特色的语用学界面理论。未来的语用学界面研究可以考虑以下三个方面。

第一，国内语用学界面研究已经在关联论方面取得了丰硕的成果，关联论强调社会文化百科知识在含义推导过程中的作用，如何把中国特色的社会文化百科知识与关联论相结合是今后语用学研究本土化的一个重要途径。

第二，其他的语用学界面理论的引介和应用应该引起国内语用学研究者的高度重视。从国内外语用学界面研究的成果来看，以关联论为基础的语用决定论起着主导作用，加大引介和应用其他的语用学界面理论是今后国内语用学赶超世界的一个捷径。

第三，"新认知语用学"是当今语用学跨学科和跨界面研究的产物，国内语用学应该进一步思考它的理论框架如何建立、研究方法如何，这或许是今后语用学理论创新的一个突破口。

总之，语用学理论的创新与本土化是今后语用学研究者亟须完成的历史使命。

二、语用学与语言学外部学科的界面研究

前文回顾了语用学与语言学内部学科的界面研究。语义-语用、语用-词汇和语用-认知等界面研究的最新成果表明，当今意义研究针对词义扩充的意义存在重大分歧。语义-语用界面论和语用决定论围绕着词义充实的意义是否是默认意义、是否依赖语境、是否由规约激发更是形成了相互对立的观点。

对立观点一：
①语义-语用界面论认为词义扩充的意义既是语义意义也是语用意义；
②语用决定论认为词义扩充的意义是语用意义。

对立观点二：
①语义-语用界面论认为词义扩充的意义是默认意义；
②语用决定论认为词义扩充的意义是显性含义。

对立观点三：
①语义-语用界面论认为词义扩充的意义完全不依赖语境；
②语用决定论认为词义扩充的意义完全依赖语境。

对立观点四：
①语义-语用界面论认为词义扩充的意义完全依赖语言使用规约激发；
②语用决定论否认语言使用规约的作用。

对立观点五：

①语义-语用界面论认为词义扩充的意义是省时省力的默认意义；

②语用决定论否认默认意义的存在。

从上面的分歧可以看出，语义-语用界面论认为词义充实的意义是不依赖语境的默认意义，是依靠规约激发的省时省力的假定意义。语用决定论则秉持语言不确定论，即一切意义都是不确定的，它必须在语境下才能确定；该理论否定默认意义的存在，并认为词义充实的意义是依靠关联原则推导的语境依赖的显义。语用决定论的领军人物卡斯顿明确指出，任何含义都不是默认的推论，语境关联完全可以保证含义的推导。为了进一步证明默认意义不存在，语用决定论学者率先展开了一系列的心理认知实验，这激发了语用学与语言学外部学科的界面研究。

总体来看，由于语用学与语言学外部学科的界面研究深受语用学与语言学内部学科界面研究的影响，即语用学与语言学外部学科的界面研究致力于为语用学与语言学内部学科的界面研究提供数据支撑和技术支持，语用学研究者主要借助心理认知科学和计算科学的方法展开验证研究，并在此基础上形成了两个新的语用学分支：实验语用学和计算语用学。

（一）实验语用学

实验语用学指语用学借助心理科学、神经科学和认知科学的实验方法来验证前文提及的各种理论假设，它为语用学研究提供了一个全新的研究方法。语用决定论学者在该领域取得了丰硕的科研成果。诺威克（I. A. Noveck）和斯波伯（D. Sperber）于 2004 年出版的《实验语用学》标志着以心理和认知实验为基础的语用学实证研究方法日趋成熟。2018 年，诺威克出版的《实验语用学：认知科学的基础》全面回顾了当今实验语用学所采纳的实验手段，并在此基础上总结了相关的研究成果。总体来看，实验语用学研究具有以下几个特点。

第一，实验语用学开展的绝大多数实验都以语用决定论为基础，通过心理认知的实验，试图证明默认意义是不存在的。例如，诺威克和斯波伯的实验通过测试默认意义的特征得出默认意义不是省时省力的，也不是自动的，进而证明了默认意义不存在。他们还从听话人推导级差含义的速度的角度提出关联理论和默认理论存在本质的差别。

例如：

Some students went to the garden.

Some but not all the students went to the garden.

在上例中，从 some 推导出 some but not all 主要涉及两个层面：字面意义层面和扩充意义层面。在关联论看来，字面意义层的语言解码过程要比扩充意义层的语用扩充所耗费的时间和精力都要少，这与列文森的默认解释模式完全不同。根据列文森的解释，字面意义层的语言解码过程要比扩充意义层的语用扩充所耗费的时间和精力都要多。因此，"扩充"在这两种理论中的作用是不同的，这就导致了关联理论和默认理论对一般会话含义或者所言扩充的意义的解释完全不同，即关联理论否定对一般会话含义的默认解读，而默认理论认为一般会话含义是默认意义。关联理论和列文森的一般会话含义理论关于级差含义解释的差别如表 1-1 所示。

表 1-1　关联理论和列文森的一般会话含义理论关于级差含义解释的差别

级差词项的解释	一般会话含义理论	关联理论
字面意义	默认扩充＋语境中被取消，因此速度较慢	无扩充，因此速度较快
扩充意义	默认扩充，因此速度较快	语境中扩充，因此速度较慢

第二，实验语用学的实验技术逐渐多样化和全面化，运用了大量的心理科学和神经科学的实验技术，它主要包括离线型实验和在线型实验。离线型实验主要通过问卷、访谈、观察等手段来收集受试者对语言现象进行认知加工的结果。例如，语句判断型任务通过受试者对目标话语的判断来推断他对话语含义的理解状况。相较于离线型实验，在线型实验的要求更高，结果更加精确，因为它借用了心理科学和神经科学的最新实验技术。例如，它利用心理学中的实时测量技术，以毫秒为单位测试人们对于目标话语的反应，主要的技术有眼动追踪技术。该技术利用眼动仪来监控受试者的眼球变化曲线，记录并分析眼球在文本中特定位置的注视时长。该技术被广泛应用于证明列文森提出默认意义的推导过程不是省时省力的，而是费时费力的，进而否定默认意义的存在。在线型实验还利用事件相关电位（ERP）、脑电图（EEG）和功能性核磁共振（fMRI）等神经科学的技术来测量特定语言行为的大脑局部区域的激活状态和脑部血液流动情况。诺威克利用 ERP 研究级差含义加工机制，实验结果表明级差含义的加工无法脱离语境，进而验

证了语用决定论，否定了列文森的默认意义。

第三，"否认默认意义"的观点以偏概全。实验语用学的"一边倒"现象非常明显，因为它开展的实验几乎都是以语用决定论为基础的，证明了它解释意义的合理性，否定了语义-语用界面论，即不存在默认意义。诚然，实验语用学者通过科学实验得出的数据具有说服力，但是他们的实验只是否定了列文森提出的默认意义。前文提及的语义-语用明确分工论和语义-语用并合论都属于默认意义解释模式。虽然人们普遍认为默认意义的共同特征是"突显的""无标记的"和"假定的"，但是由于没有一个统一的默认解释模式，很难对"默认意义"加以界定。因此，实验语用学的结论存在以偏概全的可能性。甚至还有学者通过实验语用学的研究方法反证了默认意义的存在，这使得以语用决定论为基础的实验语用学的结论难以让人信服。

（二）计算语用学

作为语用学和计算科学的界面研究，计算语用学是具有计算手段的语用学，包括语料库数据、语境模型以及用于语境依赖话语生成和解释的算法。依靠软件工具支持的大型语料库的使用势必会使实证性语用研究更加系统化，它可能导致语用学界重新思考一些核心概念或理论框架。从目前的文献研究来看，基于语料库的计算语用学延续了语用决定论的研究传统。

威尔逊（D. Wilson）和柯来提（P. Kolaiti）从语料库中抽取"红眼"来探究它的词义收缩过程。根据语料分析，"红眼"在语料库中共出现 54 次，分别出现在 26 个情景语境中，其中这 26 个情景语境有 17 个仅出现一次；"红眼"的意义确定还需要大量的语境信息，这些信息具体包括眼睛所属的实体（如人类、其他动物）、导致红眼的原因（如湿疹、醉酒、哭喊、感冒和劳累）和眼红的严重程度。由于上述三种语境信息会随着语境的变化而变化，这就决定了"红眼"在不同的语境下收缩为不同的意义。威尔逊和柯来提通过语料库证明了词义收缩的意义是依赖语境的，进而否定了默认意义模式。从某种意义来看，语料库技术的应用验证了语用决定论。例如，拉里维（P. Larrivee）和杜弗雷（P. Duffley）基于自然会话语料库，通过观察承载级差含义的"some"的使用语境，指出以关联论为基础的语境决定论比列文森提出的语义-语用界面论更具有说服力。

回顾语用学与语言学外部学科的界面研究，尤其实验语用学和计算语用学的最新成果，不难发现，它们主要以语用决定论为出发点，试图证明该理论的强大解释力，进而否定语义-语用界面论的观点，即否定默认意义的存在。遗憾的是，以列文森和黄衍为代表的语义-语用界面论主要采用内省的研究方法从理论层面解释默认意义，缺乏实证性的验证，这也是目前实验语用学和计算语用学呈现一边倒局面的原因之一。

国内关于实验语用学和计算语用学的相关研究主要还是理论引介和方法介绍，而相关的原创成果非常少，这也是今后国内语用学研究的一个方向。总之，语用学与语言学外部学科的界面研究逐渐使语用学徜徉于人文精神和科技理性之间，成为一门介于人文科学和自然科学之间的交叉学科。

第二章　语用学理论的新发展

本章追踪语用学理论层面的新动态，重点关注经典语用学理论近十年的各自进展，简要介绍国内外语用学近十年来涌现的新理论，并简要介绍语用学与语言学其他内部学科以及与语言学外部学科之间近十年的界面研究。

第一节　言语行为理论

在语言哲学、语用学中，言语行为一直是成果最为丰硕的研究领域之一，近十年来，研究者不仅在基本议题上有深入的拓展，还对不同语境下言语行为的变异性和多样性进行了多维度的探索，进一步展现了语用学的社会科学属性。本节主要介绍言语行为理论的基本思想，综述相关理论的最新研究，并对未来的发展进行展望。

一、言语行为理论的基本思想

言语行为理论是语用学的基本理论之一，由语言哲学家奥斯汀（J. Austir）于 1955 年至 1962 年在哈佛大学作系列讲座时提出，由塞尔（J. Searle）进一步发展和完善。该理论的核心思想是"说话就是做事"：说话人只要说出了有意义、可为听话人理解的话语，就可以说是实施了某个行为，即"言语行为"。言语行为是研究语言使用的基本分析单位。

言语行为理论的提出是对 20 世纪 30 年代盛行的逻辑实证主义的挑战和颠覆。依据逻辑实证主义，凡不能证明真假的陈述都是"伪陈述"，是没有意义的。奥斯汀指出，很多陈述句不以记叙事实或传递信息为目的，或仅是部分以此为目的；有很多语句不涉及真与假的问题。在此基础上，他区分了施为句和描述句。典型的施为句无法区分真或假，只涉及适当与否，比如"我宣布……"要受一定的适切条件的制约。

奥斯汀发现，施为句不只是具有特殊的句法和语用特征的语句，而是属于更具有普遍性的语句中的显性施为句，与隐性施为句相对。于是，奥斯汀放弃了施为句和表述句的区分，认为所有的语句除了表达意义外都实施特定的行为。具体来说，一个人在说某句话的时候，在同时实施三种行为：以言指事、以言行事和以言成事。以言指事指的是话语的表述方面，即说话人说出一句有确定意义和指称的、能让人理解的话语的行为。以言行事指说话人通过话语实施某个交际目的或执行某个特定功能的行为，即"通过说X，我在做Y"。以言成事指的是说话人通过说某句话在听话人身上产生的效果或结果，即"通过说X、做Y，我做了Z"。对奥斯汀来说，以言行事是分析的重心，"言语行为"这一术语也逐渐用来专指以言行事。以言成事行为不是通过规约产生的，常常不确定。

奥斯汀依据施为动词来区分施为行为，把英语的施为动词分成五大类：裁决类、行使类、承诺类、阐述类和表态类。塞尔认为，不应该依据施为动词来分类，该做法不能贯穿始终，会导致各种类别之间重复过多。他确定了用来区分不同言语行为的十二个方面，其中最主要的三个方面是以言行事的要旨、适从向和所表达的心理状态。在此基础上，塞尔把言外行为分成了五类：断言类、指令类、承诺类、表情类、宣告类。塞尔的分类具有一定的科学性，也是影响较大、广为人们接受和应用的一种分类方式。

人们在交际中经常使用间接方式表达自己的想法或意图，比如使用疑问句或陈述句等间接方式提出要求。塞尔将用疑问句表达的"请求"称为"主要言语行为"，将"询问"称为"次要言语行为"。当用疑问句用来实施"询问"行为时，语句结构和功能之间的关系是直接的，就是直接言语行为；用来实施"请求"言语行为时，语句结构和功能之间的关系是间接的，就是间接言语行为。塞尔区分了两类间接言语行为：规约性间接言语行为和非规约性间接言语行为。说话人实施间接言语行为，往往是因为考虑到说话人的愿望、听话人做某事的愿望和能力、陈述或询问听话人是否有做某一行为的理由来实施请求等。间接言语行为理论的提出使人们意识到语句结构和其施为用意之间并不存在一一对应的关系，无论是话语产出还是理解，语境都起着非常重要的作用，听话人要依据语境才能理解语句传达的施为用意。

言语行为理论的提出推动了日常语言哲学和语用学的发展，使得研究者的研究重点从语义意义转向了说话人意义，从关注语句的命题意义、真值条件等转向话语的意向问题、适切条件。奥斯汀将语言的使用视为一种行为，开拓了从行为的角度来研究语言使用的道路。塞尔把语言哲学当作心智哲学的一部分，认为语言的意义源于心智的意向性。

言语行为理论在提出后的较长一段时间内都具有浓重的语言哲学意味。研究者往往关注单一的言语行为，忽视了构成会话活动的往往是多个言语行为，因而具有描写上的不充分性；尚未涉及具体言语行为的语言及非语言执行手段、对言语行为的识别及回应以及具体言语行为与语法结构间的关系等；侧重语用逻辑及形式化方法，多从语言内部结构入手，较少考虑语言与行为、社会之间的关系；在研究语料上，多集中于理想化的句子，缺乏真实语料的分析。

二、言语行为理论的最新发展

基于不同的研究重心、研究视角和研究方法，言语行为的研究逐步呈现出多样化的趋势。言语行为的基本议题得到了进一步拓展，间接言语行为与合作、礼貌的关系引发了更多的争论，以言成事行为得到了更多关注。近年来，言语行为研究更加注重具体语境中的言语行为，探讨言语行为的序列组织、变异性和多样性，影响言语行为产出和理解的认知、社会、文化、关系等宏观和微观因素，逐渐形成了以下研究领域：言语行为的会话分析研究，言语行为的变异语用研究，言语行为的人际语用研究，言语行为的文化语用研究，言语行为的多模态语用研究，言语行为的实验语用研究等。

（一）言语行为的会话分析研究

言语行为的实施经常是以序列形式出现的，各个言语行为之间是相互联系的，会影响整个言语行为序列的合适性。尤尔认为，应该从较大的话语语境来分析，而不是只看实施单个言语行为的单个语句。说话人在言语行为序列中为了增加特定施为目的成功的可能性，经常会发出辅助性言语行为。另外，言语行为的解读是由听话人负责的，离开听话人的反应就很难确定说话人的"以言成事"。因此，会话分析介入言语行为研究就很自然了。

会话分析强调使用自然发生的、真实的言谈应对录音或录像资料作为语料，探讨人们言语交际背后的社会秩序。于国栋、吴亚欣针对汉语语料提出了言语行为的会话分析要点，指出言语行为的会话分析应考察以下三个方面。首先，通过对大量真实发生的自然会话的观察和分析，总结出交际者在执行不同言语行为时作出语言选择的规律和模式，如提供行为的整体规律、邀请者的会话实践和受邀者回应之间的相关性等。其次，研究交际者执行某一特定言语行为的话轮设计，探究交际对方对该言语行为的理解程度、接纳情况以及随后做出的言语回应，即会话分析的序列组织。交际者在自己的话轮内究竟执行了哪种社会行为，不是由任一交际者单方主观断定的，而是需要交际双方共同认可的，如吴亚欣、刘蜀对汉语请求言语行为序列的分析。最后，要关注听话人对言语行为的回应，包括优选回应和非优选回应。优选结构是言谈应对的社会属性和社会规律在语言层面和会话结构方面的体现。

会话分析者认为言语行为隶属于社会行为，其构成、运行及效果均受到社会因素的制约。执行同一种言语行为（如请求），身份不同的人在实现这一行为意图时所使用的言语表述是不一样的。传统言语行为理论忽视了这种差异及其背后的社会根源，不能不说是一种理论上的简化和不足。

德鲁（P. Drew）将会话分析和社会行为结合在一起，关注会话与社会行为之间的关系，重点研究不同语境中的社会行为构建问题。德鲁指出，会话分析出现/再现了新的研究转向——社会行为研究，其目标不是单纯分析会话的序列性特征，而是关注这些特征的行为指向，旨在发现说话人是如何通过构建（多个）话轮来实施某一会话行为的。研究对象多为完整语篇或者多话轮话语，需要从某一社会行为与其他话语之间关系的角度分析该社会行为采用某一言语形式的原因。

（二）言语行为的变异语用研究

变异语用学关注（地域和社会）空间变化引起的语言交际和语言内部语用变异问题，属于语用学与方言学的结合，旨在探索同一语言不同变体的语用规约和表现形式的异同，现已发展成为语用学研究的一个重要分支。变异语用学的五个主题中有两个涉及言语行为：在语言行为层面，关注具体的言语行为在同一语言的不同变体中是如何表达的；在互动层面，关注话语序列模式是如何融入更大的话语结构的。

变异语用学着重对由于地域、性别、社会经济地位、民族和年龄等宏观因素影响下的同一语言的共时变异进行系统的实证描述。早期的研究以布罗姆-库卡（S. Blum-Kulka）等人实施的跨文化言语行为实现方式项目最为著名。近期的成果集中体现在施耐德（K. Schneider）和巴伦（A. Barron）主编的论文集《变异语用学：聚焦多中心语言的地区变体》中。该论文集涉及五种语言的地域语用变异问题，十篇文章中三篇是关于言语行为的变异性，四篇是关于请求言语行为的研究，如巴伦考察了爱尔兰英语与英国英语中的请求言语行为，穆尔（R. Muhr）和瓦加（M. Warga）调查了奥地利德语和德国德语中的请求言语行为，普拉森西亚（M. Placencia）考察了厄瓜多尔不同地区的街头小店中用西班牙语实施的请求言语行为。其余三篇分别为英国和新西兰广播电话和访谈节目中的感谢，委内瑞拉人和阿根廷人在实施邀请时的差别，法国法语和加拿大法语中的"道歉"等。

目前，以地域为影响因素的研究集中于国别差异带来的变异，研究以英语为主，其次是西班牙语和德语，再次是法语和荷兰语。有学者探索社会经济因素是否影响餐馆服务会话中感谢回应的形式和频率。总体来说，关注同一国家不同地域、社会经济等其他因素带来的变异研究不多。目前，缺乏探讨不同宏观因素，诸如地域、性别等，对汉语言语行为表达是否有影响的实证研究。

由于请求和恭维都属于主动发起的言语行为，拒绝属于应答言语行为，因此汉语言语行为的变异研究证明巴伦关于地域影响主动发起和应答交际言语行为的推断并不成立。邓兆红、邱佳认为，不同文化群体的交际者在道歉时对社会变量的权衡有所不同，在语用语言和社会语用方面均有某种程度的差异。研究发现，中国三个地域对致歉必要性的认知非常一致，但当交际双方权势相当或关系亲密时，三个地域有显著差异：华东地区的人更多地使用较为郑重或随意的道歉方式，而东北和西北则更多地使用非常郑重的道歉方式。该研究有助于我们从语用变异的角度解读言语行为。

（三）言语行为的人际语用研究

语用学对言语交际如何影响人际关系的关注始于布朗、列文森和利奇对面子和礼貌的研究，着眼点多为言语行为分析。人际语用学的兴起体现了语用学研究的关系转向，是对人际交流的一种语用综观，主要考察社交主体如何在交互中运用话语来建构和维系人际关系。人际语用学探究面子、礼貌、关系等，将语用学的分析视角从说话人意图和言语行为转移到听话人感受与评价，随后关注人际关系的建立、维持与改变，并且通过对参与者角色的细分，变革传统研究中操控性说话人与被动听话人的理想化交际模式。

斯宾塞-欧蒂（H. Spencer-Oatey）认为，面子与礼貌理论忽视了面子的人际和社会视角，过多地强调其个体自由与自治，不能解释人际冲突的多元性，也没有充分考虑到文化适应性。她及其合作者提出了关系管理模式，探讨会话者如何使用语言建立、维护或威胁人际关系和社会关系。根据关系管理模式理论，影响关系威胁行为的五大管理策略之一是言语行为，涉及威胁或提升关系言语行为的实施，比如道歉、请求、赞扬等，威胁或提升的关键在于一系列情境和个人因素。有些言语行为具有威胁对方面子、身份或地位等的潜在语力，可以通过特定的语言使用避免或减少此类话语在社交语用方面可能产生的负面效应。会话者地位是交际中尤其是命令/请求言语行为中的重要语境成分，影响交际者使用一定的手段或方式进行关系管理与身份构建。

离开语境场合，任何言语行为本身不一定就是礼貌的。礼貌是一种社交评判。就汉语、日语等东方语言而言，邀请、提供等就是让对方受益的言语行为，并不威胁其负面面子，是有礼貌的表现。人际交往成功与否取决于言谈双方的行为期待、互动需求及面子敏感性。言语行为与其施为用意之间、话语结构与其内容之间、话语选择与其语体风格之间等都包含一定的行为期待，类似的行为期待受制于人与人之间的交往原则。

有学者用关系管理模式对网络冒犯进行了研究。霍普金森（C. Hopkinson）认为，网络交际中的冒犯性言语行为是一种策略性的关系管理行为。在多人互动中，冒犯性言语行为的实施过程就是个体与他人或某个群体之间结盟的过程，与此同时，该个体与被冒犯者和其所代表的群体形成对立关系。斯宾塞-欧蒂的关系管理模式涵盖了面子和社会规范两个方面，社交权管理反映了社会规范和冒犯之间的内在联系。陈倩认为，冒犯是体现态度倾向的负面言语行为，违背人际交往中交际者对适切行为期盼的社会规范，不但会带来负面评价，还会给交际者带来消极的情感体验。语境的规约化言语行为与社会规范存在紧密的内在联系，在语言使用层面，规约化的言语行为可以折射出一定的社会规范。

（四）言语行为的文化语用研究

文化语用学的首要任务是研究某些特定的言语行为所承担的文化功能。言语行为的文化设定是对言语行为和文化语境合适性的探讨。言语行为必须同时承担其应有的文化职能：文化维持、文化巩固、文化重构、文化更新。文化语境对言语行为的设定是多方面、多层次、系统的，主要体现在权势关系、性别、亲和力等方面。它既有对行为与互动的模式设定，也有对行为的语境功能的设定。从言语行为的互动性质看，行为的合理性、合适性和有效性都有赖于文化对互动的设定。具体地说，言语行为的互动设定涉及角色文化关系、话题的文化设定、行为的性别区分、回应行为的模式等。

陈新仁指出，可以借鉴"解放语用学"的做法，挣脱西方语用学话语体系的束缚，基于"文化主位观"的分析立场，发掘中国本土语用文化特有的文本与阐释资源。陈新仁探讨了中国"家文化"对中国人话语实践的影响，他认为中国人在交际中经常避免实施批评、异议、挑战、质疑等言语行为，正是"和为贵"文化的影响。在东方文化中，邀请人非真诚邀请和虚假拒绝等言语行为的实施并非面子威胁，而是有礼貌的表现。

（五）言语行为的多模态语用研究

奥斯汀指出，以言成事行为可能由非言语方式来完成，包括眨眼、耸肩、皱眉等。塞尔和范德威肯（D. Vanderveken）曾指出，在英语中，言语行为的语力标志除施事动词外，还包括语气、标点符号、语序、语调和重音等。然而，在实际分析中，现有语用学理论框架几乎没有考虑实施言语行为时说话人所用语言符号之外的其他符号信息，普遍缺乏对图像、音乐、语气、神态等非语言因素的充分考虑，忽视了与语言共同参与意义构建的非语言模态的重要作用，从而在意义建构过程方面带有局限性。

国际语言学界自 20 世纪末开始，兴起了多模态话语分析的热潮。随着语用研究的深入，人们越来越意识到使用自然语料研究言语行为的重要性，从原来的书面语料扩展至有声语料，甚至是多模态语料。穆本加（K. Mubenga）提出用多模态语用分析研究言语行为。陈新仁、钱永红在符号学属性的多模态研究中提出了一个多模态语用分析框架，该框架中的多模态信息维度包括三个层面：情境因素层面、交际者因素层面和媒介因素层面。其中，情境因素层面包括天气、场所、噪声等模态；交际者因素层面包括交际者的表情、眼神、语气、音量、肢体语言等模态；媒介因素层面包括字形、字号、图形、图像、色彩等模态。顾曰国构建了一个用以分析施事行为的概念模型，探讨了现场即席话语中语力、情感及韵律之间的关系。多模态研究拓展了学者对包括言语行为在内语用课题的考察视野和方法，如肯顿（A. Kendon）利用视频语料分析了意大利南部四个常用手势的语力意义。一些学者考察了语音、韵律与言语行为之间的关系。

言语行为的多模态研究，本质上是从人类普通行为的角度看待言语行为，将会话参与者的表情、动作、姿态等体貌表现纳入研究过程，把它们看作与话语内容、韵律特征等具有同等地位的分析对象。黄立鹤对阿尔茨海默病患者进行了言语行为分析，研究了情感状态在言语行为中的语言结构、韵律特征、体貌表现等层面的体现。他认为，说话人的情感、话语内容、韵律、体貌具有整一性，语料中的老年人多次呈现了同一个言语行为，通过多模态特征的提取与标注，特别是该老年人的体貌表现、韵律特征，可以推断该言语行为伴随的述说情感。

基于一定量语料并建设成多模态语料库的语用学研究，已逐渐成为学者关注的新领域。顾曰国探讨了研究多模态语料库语言学的基本方法、言思情貌整一原则等方面的内容，为运用多模态语料库研究言语行为提供了理论架构和分析方法。黄立鹤认为，现场即席话语中某种语力的形成、传递以及接收均是多模态交互过程，言语行为研究应当直面现场即席话语中语力的多模态属性。现场即席会话产生的是"鲜活的话语"，具有"鲜活的语力"，这种"鲜活的语力"是通过多种模态体现的。他提出借助仿真建模思路对言语行为进行多模态研究，设计了一套现场即席话语言语行为的发现程序，在构建多模态语料库的基础上，观察、描写现场即席话语中的鲜活语力。基于多模态语料库开展言语行为研究，是以新的研究范式重新检视语用学经典课题，拓宽了言语行为的研究视野，对语力、语力显示项等概念和范畴进行了创新，能够深刻揭示言语行为的本质和特点。

（六）言语行为的实验语用研究

尼克拉（S. Nicolle）和克拉克（B. Clark）第一次在《认知语言学》一书中使用了术语"experimental pragmatics"（实验语用学），诺威克和斯波伯主编的论文集《实验语用学》的出版，正式标志着实验语用学这一研究领域的诞生。实验语用学涉及语言学、哲学、心理学和认知科学，是语用学与实验心理语言学相结合的一个新兴的跨学科研究领域。言语行为研究是实验语用研究的主要课题之一。

克拉克（H. Clark）和露西（P. Lucy）的实验证明，间接请求的反应时间比直接请求的长，吉布斯（R. Gibbs）的实验结果却相反。科恩（A. Cohen）和奥尔斯坦（E. Olshtain）采用有声思维的方法探讨了言语行为的产出风格。有学者研究了儿童请求言语行为的发展模式，儿童对言语行为的理解难度，儿童理解承诺言语行为中语言因素和语境因素的密切关系。

霍尔特格拉夫斯（T. Holtgraves）和阿什利（A. Ashley）的研究表明，话语理解需要识别言语行为。霍尔特格拉夫斯对塞尔所作言语行为分类的心理现实性进行了实验，发现英语使用者倾向于按照情感价位——以言成事进行分类，而不是以言行事。刘思设计了类似的实验，探讨汉语使用者如何对言语行为进行分类，话语理解是否涉及识别言语行为。结果（部分）表明，汉语使用者在理解话语时对"言外之力"更为敏感。刘思的研究结果在整体上支持着霍尔特格拉夫斯的结论。周凌采用离线情景触发会话交际的研究方法，探究先前语境知识和即时语境知识如何影响非母语汉语学习者在汉语作为通用语语言环境中对礼貌性请求话语的选择。

国外的言语行为实验研究启动较早，而国内采用实验方法进行的言语行为研究相对较少，基于心理语言学取向或发展心理学取向的言语行为实验研究数量较少，基于神经生理学取向的研究更为缺乏。

三、言语行为理论的评价与展望

本节介绍了言语行为的基本思想——"说话就是做事"，任何语言使用都是在实施一定的行为。近十年来，言语行为的研究克服了传统研究的诸多不足，从单个的言语行为分析发展到言语行为的会话分析，从关注影响言语行为的抽象适切条件发展到关注复杂多样的人际关系、社会文化变异，从开展言语行为的单一模态分析发展到开展多模态分析，从言语行为的哲学思辨到实验语用研究，真正践行了奥斯汀从人类行为的角度研究语言使用的思想，展现了当代语用学的丰富性和多元化。

言语行为的研究应摆脱先前对不同问题的孤立研究，综合采用多种方法来进行。弗加尔（D. Fogal）等在论文集《言语行为新论》的前言中指出，言语行为理论的应用研究如果不建立在技术、实证、基础的发展上，就会失去新资源和新数据。脱离基本问题和实际应用对非陈述句的语义进行研究是肤浅的，不依靠技术、实证和应用型研究，基本议题的研究终将流于空想。这些研究应该同时进行，并时刻关注彼此的研究，才能找到问题的答案。

未来的研究应多关注具体语境中的言语行为，如学术话语中的建议、网络语境中的建议、历史语境中的谏等，关注言语行为的策略性实施，如虚假拒绝、作为请求的邀请，关注更多样化的言语行为，如咒骂、诽谤、仇恨语等，深入挖掘特定情境中交际互动的细节，关注与实施和言语行为有关的情感、身份、形象管理等。言语行为的研究应紧跟语用学研究的时代脉搏，贴近社会现实。未来可以加强虚拟空间的言语行为研究，历史语境中的言语行为研究，跨学科的言语行为研究，基于多模态语料的研究，基于实验方法的研究等。

第二节　会话含义理论

一、会话含义理论的基本思想

会话含义理论由牛津日常语言哲学学派的代表人物格赖斯创立，是语用学的经典理论之一。1967年，格赖斯在哈佛大学作了三次演讲，其中第二讲《逻辑与会话》于1975年发表。在这篇讲稿中，格赖斯提出，为了保证会话的顺利进行，参与者必须遵守合作原则，即"根据你参与的会话的目的或者方向，说会话特定阶段所需要的话"。合作原则包括四条准则和一些次准则。

一是数量准则：

①（根据交际的当前目的）使自己所说的话达到所要求的详尽程度；

②不要使自己所说的话超出所要求的信息。

二是质量准则，努力使自己所说的话是真的：

①不要说自己认为是不真实的话；

②不要说缺乏足够证据的话。

三是关联准则，说话要相关。

四是方式准则，说话要清楚：

①避免表达晦涩；

②避免歧义；

③说话要简洁（避免赘述）；

④说话要有条理。

如果说话者遵守以上四条准则，那么会话就能高效进行，因为说话者直截了当、清楚明了地说出了他想说的话，听话者也很容易理解说话者所说的话。但是，在日常生活中，说话者经常会违反某一准则或者某几条准则。违反准则分为以下四种情形。

一是说话者完全不遵守合作原则，也就谈不上遵守四条准则了。在这种情况下，会话无法进行，也就不会产生任何会话含义。

二是说话者违反质量准则，说出不真实的话，而且不想听话者知道自己在说谎。在这种情况下，说话者可能会让听话者误解，不会产生会话含义。

三是说话者面临一种矛盾或者冲突，不能遵守所有的准则，如果他遵守一条准则，那么他就不得不放弃另一条准则。这种冲突经常在数量准则和质量准则之间产生。在这种情况下，一般也不会产生会话含义。

四是说话者完全能够遵守所有的准则，但他蔑视某一条准则，不仅知道自己违反了某一条准则，而且还想让听话者知道他违反了这一条准则。在这种情况下，会话含义就产生了。

在以上四种情形中，语言学家最感兴趣的是第四种情形，因为这一种情形会产生会话含义。

二、会话含义理论的新发展

格赖斯会话含义理论在语用学界产生了很大影响，但由于它主要讨论的是特殊会话含义，而没有详细阐述一般会话含义，所以荷恩和列文森等语言学家对会话含义理论进行了补充和完善。现在，语用学界一般把格赖斯会话含义理论称为经典格赖斯理论，而把荷恩、列文森等人的修正理论称为新格赖斯理论。

（一）荷恩的会话含义理论

荷恩在格赖斯提出的合作原则框架下四准则的基础上，结合齐夫（G. Zipf）的省力原则，提出了数量原则和关联原则。

1. 数量原则

①说话要充分；

②能说多少就尽量说多少（以关联原则为条件）。（下限原则，推导出上限会话含义。）

2. 关联原则

①要使你的话语是必需的；

②不说多于要求的话（以数量原则为条件）。（上限原则，推导出下限会话含义。）

根据数量原则，如果说话者说出 P，那么最多就是 P；根据关联原则，如果说话者说出 P，那么至少是 P。数量原则以听话者为基础，听话者希望说话者提供尽量多的信息，能说多少就说多少；关联原则以说话者为基础，要求说话者只提供必需的信息，能不说的就尽量不说。这两条原则是一个看似矛盾但并不矛盾的统一体，既体现了合作原则，也体现了省力原则。在现实的交际中，说话者总是倾向于用最经济的话表达最充分的信息。

数量原则的例子常见于产生等级会话含义的话语中。

例如：

> Some of my friends are Buddhists.

说话者说出 "some of my friends"，那么最多就是 "some of my friends"，这句话的会话含义是 "Not all of my friends are Buddhists."。

关联原则的例子常见于间接言语行为。荷恩举了这样一个例子：

> Can you pass me the salt?

在听话者完全有能力做到把盐递给说话者的语境中，说话者没有直接用祈使句让听话者把盐递给他，而是使用一般疑问句的形式问听话者是否能把盐递给他。在这种情况下，说话者是想让听话者推理出，说话者不仅仅是问听话者是否有能力把盐递给他，而是想请听话者把盐递给他。

为了解决数量原则和关联原则表面的冲突，荷恩提出了语用分工理论，这一理论可以总结如下：在可以使用一个无标记的（相对简单、比较省力的）表达式的情况下，说话者却使用了一个有标记的（相对复杂、冗长的）表达式，这可以解释为传递了有标记的信息（无标记表达式不会或者不能传递的信息）。

列文森对荷恩的语用分工理论进行了分析。

关联原则倾向于常规解读，如果说话者使用了一个简单、无标记的表达式 U，那么该表达式的含义就是在 U 的诸多可能意义组成的集合 E 中的常规意义子集 F，如 "secretary" 常规解读为 "female secretary"。

数量原则推论倾向于非常规解读，如果说话者没有使用简单、无标记的表达式 U，而是使用了异常、有标记的或者冗长的表达式 M，那么该表达式的含义就是在 M 的诸多可能意义组成的集合 F 中的非常规意义子集 G，如 "amanuensis" 可解读为 "male secretary"。

下面我们运用荷恩的数量原则和关联原则解读话语的含义。

例如：

他能够解决这个问题。

他不是不能解决这个问题。

以上第一句是一个简单、无标记的表达式，可以进行常规解读：他能够解决这个问题。第二句是一个异常、有标记的表达式，应该进行非常规解读：他能够解决这个问题，但他不愿意解决这个问题。

虽然荷恩在改进格赖斯会话含义理论方面做了很大的努力，但他提出的数量和关联两原则缺乏具体的推导机制，语用分工理论也只不过是对无标记表达式和有标记表达式进行了区分，这促使其他学者在完善格赖斯会话含义理论方面进行更多尝试。

（二）列文森的会话含义理论

不仅荷恩试图改进格赖斯的会话含义理论，列文森在这方面也进行了新的尝试。列文森认为，格赖斯的数量准则与信息的数量有关，但格赖斯在构建数量准则时比较随意。

列文森在构建自己的会话含义理论时，把格赖斯数量准则的第一条次则列为数量原则，把第二条次则独立出来列为信息原则，把格赖斯的方式准则列为方式原则。为了建立具体的推导机制，列文森在三个原则下构建了说话者准则和听话者推论。

1.数量原则

说话者准则：不要陈述弱于你所知道的信息，除非更强的陈述与信息原则相抵触。

听话者推论：相信说话者的陈述是就他所知作出的最强陈述。

2.信息原则

说话者准则：极小量准则，"说得尽量少"，即提供达到交际目的所需要的最少量信息（记住数量原则）。

听话者推论：扩充规则，扩充说话者话语的信息内容，找到最具体的解释，直到判定这是说话者的发话意图。

具体而言：

①设定所指物或者事件之间具有常规关系，除非：这与想当然的情况不一致；说话者选择了一个冗长表达式，违反了最小量准则。

②如果一个句子所说内容与说话者所想的情况相一致，那么就设定这个句子所说内

容是真实的。

③避免多重指称（设定最简指称）。

3.方式原则

说话者准则：不要使用冗长或者有标记的表达式。

听话者推论：如果说话者使用了冗长或者有标记的表达式，他的意思与他本来可以用无标记表达式表达的意思不一样，具体来说，说话者是在避免常规性的联想或者运用信息原则推导出无标记表达式的含义。

下面分别举例说明列文森提出的三个原则。

例一：

Some of my friends are reporters.

Not all of my friends are reporters.

根据数量原则，弱项否定强项，我们可以从前句衍推出后句。

例二：

Mary unpacked the parcel.The book was a handbook of linguistics.

The book is a part of the parcel.

信息原则的衍推与数量原则的衍推正好相反，听话者从较弱的信息衍推出含有较强信息的会话含义。我们可以从前句衍推出后句。

例三：

Jack opened the door.

Jack caused the door to open.

根据方式原则，从前句可以推断出杰克通过正常方式把门打开了，而后句使用了冗长、有标记的表达式，那我们从后句中可以推断出杰克是以非常规的方式将门打开的。

列文森的会话含义理论与格赖斯的会话含义理论之间的联系非常密切，其理论中的数量原则和信息原则分别源于格赖斯数量准则中的第一次则和第二次则，方式原则源于格赖斯的方式准则。不过，两者之间也有很大的不同。格赖斯的会话含义理论主要关注特殊会话含义，很少关注一般会话含义，而列文森的会话含义理论中的数量原则和信息原则关注的是一般会话含义，方式原则推导的是特殊会话含义。从这个意义上说，列文森的会话含义理论覆盖面更广，解释性更强。

第三节　关联理论

一、关联理论的基本思想

关联理论也是在格赖斯会话含义理论基础上发展起来的，被称为后格赖斯会话含义理论。该理论由法国认知学家斯波伯和英国语言学家威尔逊共同创立，其主要内容体现在 1986 年出版、1995 年再版的著作《关联性：交际与认知》之中。关联理论主要来源于格赖斯的合作原则和福多（J. A. Fodor）的认知理论。关联理论的关联原则源自格赖斯合作原则的关联准则，但从人类认知的角度对关联性进行了详细的阐述。下面从交际观、关联性的定义、关联原则三个方面介绍关联理论的主要内容。

（一）交际观

斯波伯和威尔逊认为，人类的交际活动，无论是言语交际还是非言语交际，都是认知活动。在言语交际中，说话者是有目的或者意图的。如果说话者和听话者对彼此的认知环境能够显映和互相显映，说话者的目的或者意图就会被听话者识别，交际就有可能成功。

说话者的意图包括信息意图和交际意图。信息意图是说话者意欲使某一组信息在听话者一方得到显映；交际意图是说话者意欲使他的信息意图在听话者和说话者之间互相显映。信息意图是第一级意图，交际意图是第二级意图。一般情况下，信息意图一旦被听话者识别，交际意图就能达成。言语交际过程是一个明示-推理过程。对于说话者来说，交际是一个明示过程，说话者明确地向听话者表达意图。如果听话者能明白说话者表达的意图，那么说话者的明示行为对听话者是显映的。对于听话者来说，交际则是一个推理过程。听话者对说话者提供的信息进行解码，并将解码得到的信息作为前提，再进一步从听话者本身的认知语境中提取出所需的信息，按一定的方向进行推理，直至理解说话者的信息意图。

（二）关联性的定义

斯波伯和威尔逊认为，交际是以关联为前提的，交际者的认知本能会把话语与认知语境结合起来，理解话语的过程就是一个寻找关联的过程。在言语交际过程中，人们根本就不需要考虑格赖斯提出的合作原则，关联性才是交际的根本。

斯波伯和威尔逊初步定义了关联性：当且仅当一个假设在某一语境中具有语境效果，这个假设在这个语境中才具有关联性。从这个初步定义中可以看出，一个假设在语境中具有语境效果，是这个假设在这个语境中具有关联性的充分必要条件。语境效果在描述关联中起着至关重要的作用。语境效果是指话语提供的新信息与现有语境假设（旧信息）之间的关系。语境效果有以下三种情况：

①新信息与现有语境假设相结合，产生新的语境含义；

②新信息加强现有语境假设；

③新信息与现有语境假设相矛盾，排除现有语境假设。

为了研究交际与认知，斯波伯和威尔逊想把关联性当作为一个理论概念，于是在原有初步定义的基础上，加上了两个程度条件。

程度条件一：如果一个假设在一个语境中的语境效果大，那么这个假设在这个语境中具有关联性；

程度条件二：如果一个假设在一个语境中所需的处理努力小，那么这个假设在这个语境中具有关联性。

从这两个程度条件可以推断出：在其他条件不变的情况下，一个假设在一个语境中的语境效果越大，这个假设在这个语境中的关联性就越强；在其他条件不变的情况下，一个假设在一个语境中所需的处理努力越小，这个假设在这个语境中具有的关联性就越强。

（三）关联原则

从《关联性：认知与交际》这本书的书名可以看出，关联理论包括认知和交际两个维度，关联原则也包括认知关联原则和交际关联原则。

1.认知关联原则

在《关联性：认知与交际》第二版的后记部分，作者明确提出了认知关联原则——"人类认知倾向于追求关联最大化"。认知原则又称第一关联原则。关联性是认知过程输入内容的特性。它可能是作为感知过程输入的刺激物的特性，也可能是作为推理过程输入的假设的特性。人类认知倾向于追求关联最大化，斯波伯和威尔逊的意思是，认知资源倾向于分配用来对最相关的输入进行加工，无论输入是来源于内部还是来源于外部。人类认知倾向于追求关联最大化，这既与人的生物机制有关，又与认知机制的效率有关。

2.交际关联原则

在关联理论中，言语交际属于明示-推理交际，交际者总是根据关联性处理话语。语境效果和处理时付出的努力是制约关联性的两大因素。关联的程度既要考虑说话者的利益，又要考虑听话者的利益。为此，斯波伯和威尔逊提出了最佳关联假定：

①说话者打算向听话者明示的假设集具有足够的关联性，值得听话者付出努力去处理该明示刺激信号；

②该明示刺激信号是说话者用来传递假设集，且具有最大关联性的明示刺激信号。

在此基础上，他们提出了关联原则：每一个明示交际行为都会传递关于自身具有最佳关联性的假定。

在言语交际中，能够使说话者的信息意图得以互相显映的刺激信号有很多种，说话者总是选择其中最适当的刺激信号，而不会选择需要听话者付出很大努力去处理或者有歧义的刺激信号，以达成自己的交际意图；听话者相信说话者选择的刺激信号具有最大关联性，需要最小的处理努力。例如：

A：这学期我们一起选修"莎士比亚研究"，好吗？

B1：我不喜欢文学类课程。

B2：我不喜欢"莎士比亚研究"。

B3：我不选修"莎士比亚研究"。

在以上对话中，从 B1 到 B3，A 要理解 B 的话语意义需要付出的努力越来越少，B1 到 B3 的关联性越来越大。根据关联原则，B 的回答一定与 A 的提问具有关联性。B1 没有直接回答 A 的提问，但 A 相信 B1 是最适当的刺激信号，"我不喜欢文学类课程"是关联的，结合现有语境假设"莎士比亚研究是文学类课程"，A 可以推导出"B 不喜欢'莎士比亚研究'"，再进一步推导出"B 不选修'莎士比亚研究'"。

二、关联理论的新发展

关联理论提出后在语言学界产生了很大影响，但也引起了不少争议。正是因为这些争议的推动，关联理论学家才能使这一重大理论得到修正、充实与发展。

（一）显义–隐义区分新标准

在《关联性：交际与认知》一书中，斯波伯和威尔逊将"显义"定义为："话语 U 所传递的假设是明示的，当且仅当这个假设是对 U 编码的逻辑形式进行充实的结果"。当一个逻辑形式语义完整，并且含有真值时，就变成了命题。不完整的逻辑形式往往是以假设图式的形式储存在记忆里，需要根据语境信息才能得以充实。斯波伯和威尔逊认为，充实一个假设图式以得到一个命题，不是简单的解码过程，而是一个推理过程。斯波伯和威尔逊把区别显义和隐义的标准设置为：显义是语言编码义和语用推理共同作用的结果，而隐义完全由语用推理获得。

但这一区分标准并不明确。在《思想与话语：显性交际语用学》中，关联理论学者卡斯顿给"显义"下了新的定义：显义是一个通过明示方式传递的假定，它是对话语所编码的不完整概念表征（或逻辑形式）进行推导和充实的结果。对于与"显义"相对的"隐义"，卡斯顿也给出了定义：隐义是除显义外话语所明示传递的假定，这个假定完全通过语用推理获得。

卡斯顿和霍尔（A. Hall）重新设定了显义和隐义的区分标准：显义与命题的组成成分有关，是根据语言编码的逻辑形式的子部分经过语用过程推导出来的意义，获得显义的过程是一个局部过程；隐义是在命题整体层面上推理获得的，是新信息作用于现有某一语境假定所获得的一种认知效果，获得隐义的过程是一个整体过程。根据这个新标准，指称确定、消除歧义、词义调整、自由语用扩展等都是对命题的局部操作，这些局部操作的结果是显义的。例如：

Passer-by：I'm looking for Whitby Street.Can you tell me where it is?

Speaker：It's the second one down on the left.

Explicature：Whitby Street is the second street on my left, proceed down Hinkley
Road.

在上例中，Speaker 所说的话直接回答了 Passer-by 的提问。通过对 it 和 one 的指称进行确定，依靠语境信息对 down on the left 进行语用充实，Passer-by 获得了 Speaker 话语的显义。显然，获得显义的过程是一个局部过程。例如：

Ann：Shall we play tennis?

Bob：It's raining.

Explicature：It's raining at location A/B.

Implicated premise：If it's raining at location X, then it's not possible to play
tennis at location X.

Implicated conclusion：Ann and Bob can't play tennis at location A/B.

在理解 Bob 的话语时，Ann 先对他的话语进行充实，获得话语的显义；再结合隐含前提"如果下雨，就不可能打网球"，对 Bob 的话语进行整体上的推理，得出隐含结论：Ann 和 Bob 不能打网球。可见，隐义的获得过程是一个整体过程。

（二）显义隐喻观

经典关联理论认为，隐喻与各类有关的比喻（如夸张、转喻、提喻）都是对语言使用的一个非常普遍的维度的创造性利用，都是追寻最佳关联的，这使得说话者在不同的场合或多或少地表达自己的思想，结果在有些场合用表达字面义的语言把自己的思想原封不动地说出来，在另一些场合却用隐喻来表达思想。说话者通过隐喻话语引起听话者的注意，使其产生关联期待。根据关联理论的话语理解程序，听话者首先想到的信息就是说话者要表达的意图。理解隐喻时，听话者需要付出额外的认知努力，相应地获得更好的认知效果。与字面义相比，隐喻的不同之处在于它能传达额外的信息，即强隐义或者弱隐义。理解新奇的隐喻时，听话者需要付出更大的认知努力，借助更多的认知语境，以获得更丰富的隐义。一般而言，获得的潜在隐义范围越广，听话者构建隐义的责任越大，隐喻的创新性就越大。例如：

This room is a pigsty.

上例是隐喻话语，理解这句话需要听话者付出更多的认知努力。它具有强隐义："这房间又脏又乱。"

Mary came with Peter, John with Bob, and Lily with a sad smile on her face.

在上例中，Mary 是和 Peter 一起来的，John 是和 Bob 一起来的，Lily 来的时候面带悲伤的笑容。听话者通过语境假设可以推断出，Lily 是独自来的，她悲伤的直接原因是没有人陪同她一起来，而她悲伤故事的背后可能和 Mary、Peter、John 和 Bob 四人有关。如果听话者具有丰富的想象力，就能推测出各种不同的情形，这样说话者的话语就达到了多种语境效果，也就产生了一系列的弱隐义。经典关联理论把能激活潜在隐义的数量作为衡量隐喻创新性的标准。成功的创新性隐喻或者给人带来惊喜，或者给人带来美的享受，这主要是因为隐喻具有高度的浓缩性，单个松散使用的语言表达式将决定多个可接受的弱隐义。总之，经典关联理论认为，说话者使用隐喻时可以表达一个强隐义或多个弱隐义。

与经典关联理论的隐义隐喻观不同，新关联理论提出了显义隐喻观。自 2003 年开始，威尔逊和卡斯顿开始尝试采用关联理论对词汇语用问题进行研究。她们领衔申报的科研项目"A Unified Theory of Lexical Pragmatics"（2003 年 9 月—2007 年 3 月）得到了艺术与人文研究理事会（Arts and Humanities Research Council, AHRC）的基金支持。词汇语用研究包括对隐喻的研究。经典关联理论认为，隐喻的意义是命题整体层面产生的隐义。新关联理论认为，隐喻的意义是命题局部层面产生的显义。

例一：

The fog comes on little cat feet.

例二：

Love is the lighthouse and the rescued mariners.

例三：

Life's but a walking shadow, a poor player, that struts and frets his hour upon the stage, and then is heard no more.

新关联理论认为，要理解上述隐喻，听话者需要对用作隐喻的单词所编码的概念进行调整，以构建相应的临时概念。这些新构建的概念是语用转移的结果。例如，在理解例一中的隐喻时，听话者需要在认知语境中搜索有关 on little cat feet 的知识，根据最佳关联原则，听话者通过语用扩充，先构建了一个过渡概念"像小猫迈着脚步那样，慢慢地"，然后通过语用收窄，构建临时概念"慢慢地"。这样，在隐喻理解过程中，听话者在关联期待的引导下结合语境信息对话语中某个短语所编码的概念进行调整而构建的临时概念的外延从该短语编码的概念的外延中完全转移出来。语用转移是对话语的一部分 on little cat feet 进行调整的局部过程，其结果属于显义。同样地，例二中的 lighthouse 和 mariners 以及例三中的 shadow 和 player，对这些隐喻的语用推理过程也是局部过程，其结果都属于显义。

（三）认知警觉

警觉这个概念是由马斯卡罗（O. Mascaro）和斯波伯两位关联论学者于 2009 年首次提出的。根据他们的研究，儿童对欺骗具有警觉，体现在道德、认知、心智等层面。2010年，斯波伯等学者对认知警觉进行了专门研究，把交际过程中听话者发现说话者的真实意图以避免因被误导而出现利益损失的认知机制，以及由此构成的能力称为认知警觉。

认知警觉不仅对人类交际是有益的，而且是不可或缺的。说话者总是具有某一交际目的。在很多情况下，说话者为了维护自身利益会传递假信息。为此，听话者需要某种机制来防范这些假信息，从而维护他们在交际中的利益，这种认知机制就是认知警觉机制。

认知警觉机制具有两个功能：一是监测包括说话者语用能力、善意和信息可靠性的心理模块；二是监测听话者在理解过程中采用的话语解读步骤、话语解读的潜能或实际结果以及可以促进理解的语用成分。在某种意义上，这种认知警觉机制不仅影响说话者的说话策略和听话者的解读方式，最终还会影响到听话者能否接受说话者提供的信息，以及能否信任说话者。认知警觉机制的作用体现在维持交际发展的稳定性上，因为交际双方不受损是交际发展的前提。依靠认知警觉机制，说话者可以更好地影响听话者，听话者可以更好地区别出错误信息，最终达到损失和收益的平衡。假如听话者没有认知警觉机制，有可能被说话者欺骗或误导，利益随之在交际中受损。在这个过程中，听话者对说话者会失去信任，拒绝接受说话者传递的信息，最终导致交际中止。因此，在交际过程中，说话者和听话者都具有认知警觉，并且认知警觉机制会维持交际稳定发展。

第四节　礼貌理论

汉语中的"礼貌"一词最早见于《孟子·告子下》："礼貌未衰，言弗行也，则去之。"用以表示"以礼待人、乐以纳贤的态度与容貌"。作为当代语用学术语的"礼貌"，主要是指在人际互动中交际者表现出对他人社会地位及相互关系的适当考虑，一般表现为维护自己及其他交际者的面子。礼貌制约人际互动，影响人际关系的建立和维护，是所有语言文化中普遍存在的社会现象。近半个世纪以来，礼貌研究已经成为语用学领域发展最为迅猛的分支。

一、礼貌理论的基本思想

礼貌研究的经典理论主要包括雷科夫的礼貌规则、布朗和列文森的面子理论和利奇的礼貌原则。雷科夫认为语言交际遵循两方面的规则：清晰和礼貌。而格赖斯的合作原则只关注了前者。因此，雷科夫提出了礼貌三规则：

①不要强迫；

②给予选择；

③使人感觉愉快、友好。

雷科夫的礼貌规则是对格赖斯合作原则修正，但并没有立即引起学术界对礼貌研究的兴趣。

礼貌研究的第二个经典理论是布朗和列文森的面子理论。面子理论具有清晰、简约和可预测的特性，适合语料分析和跨文化对比，且符合实证研究标准，因此在语言学和社会学等领域引起了广泛而持续的关注，从而真正拉开了礼貌研究的序幕。学界一般认为，面子理论的源头可以追溯到晚清传教士明恩溥（A. Smith）的《中国人的气质》。明恩溥在该著作中描写了中国人与西方人迥异的"有面子""丢面子""保存面子""给面子"等戏剧化的礼貌实践行为，相关论述虽然具有鲜明的西方中心主义和民族偏见，但直接启发了后来的人类学家、社会学家和语言学家对礼貌的研究。胡先缙将"面子"概念引入学术研究，戈夫曼（E. Goffman）进一步细化了面子的概念和维度等问题，并讨论了人际互动中交际者开展的保护面子、挽救面子等一系列"面子工作"。

布朗和列文森将面子界定为个人在"公众心目中的自我形象"，是一种"可以丢失、维持或维护，并且在交际中需要时时留意的东西"，并区分了正面面子和负面面子，前者指的是，交际者希望其自我形象得到（至少一部分）公众的认同、欣赏和赞许；而后者指交际者希望自己的行动不被干涉，具有自主决定行动的自由。他们假定，无论在何种语言环境下，一个理想的交际者总是理性地考量人际交往中的面子，希望为自己争取良好的公众形象，总是具有正面面子和负面面子两方面的需求。布朗和列文森借用奥斯汀和塞尔的言语行为理论，将侵犯交际者面子的言语行为称为面子威胁行为，面子威胁的程度取决于三个要素：说话者和听者之间的社会距离，双方之间的权力差以及该面子威胁行为在特定文化中的强迫度，可用公式表示为：面子威胁的程度＝距离（说话者－听者）＋权力差（听者－说话者）＋强迫度。

面子威胁行为的具体实施有五种可能的方式：直言表达且无任何面子保护措施，直言表达但采取积极的礼貌策略以保护面子或采取消极的礼貌策略以保护面子，隐言表达，以及不实施面子威胁行为。布朗和列文森注意到直接和间接的具体方式在不同的语言文化中是有差异的。但他们认为，这五种宏观策略以及相应的子策略是所有语言和文化中共同的现象，因此他们将著作命名为《礼貌：语言使用中的普遍性》。

继面子理论之后，第三个问世的经典礼貌理论是利奇的礼貌原则。与雷科夫的出发点相似，利奇也认为合作原则不能充分解释语言交际的一些问题，因此他在《语用学原理》一书中提出了自己的礼貌原则作为合作原则的补充，其礼貌原则包括六条准则：得体准则、慷慨准则、赞誉准则、谦逊准则、一致准则和同情准则，每一条准则又包括"自我"和"他者"两个维度。

布朗和列文森的面子理论和利奇的礼貌原则刚提出就引起了广泛的关注和持久的

争论，如礼貌原则各准则之间的关系以及面子理论的变量选择等问题备受质疑，而最具代表性的批判莫过于"中西之争"，即井出祥子、顾曰国等东亚学者针对经典理论的文化普适性提出东亚礼貌文化的特性。也有研究者从不同的角度补充、发展了经典的礼貌理论，如卡尔佩珀（J. Culpeper）的"不礼貌"策略框架和陈融的"自我礼貌"等。弗雷泽（B. Fraser）曾将礼貌研究概括为四种理论模式，即社会规范论、会话准则论、面子保全论和会话契约论。

总体而言，无论是对经典理论的批判、反思还是继承、发展，研究者基本上都没有脱离这几种模式。布朗和列文森的面子理论和利奇的礼貌原则问世之后，礼貌研究蓬勃发展，研究话题涉及社会学、心理学、人类学、语言学等相关领域，著作和论文数量与日俱增。

二、后现代的话语研究法

21 世纪初，以伊伦（G. Eelen）、瓦茨（R. Watts）和米尔斯（S. Mills）等人为代表的英国学者对经典礼貌研究的理论模式进行研究，礼貌研究迎来了具有划时代意义的方法论突破。伊伦在其博士论文的基础上于 2001 年发表《礼貌理论批判》，对经典的礼貌研究进行全面的反思和批判。伊伦梳理了雷科夫、布朗、列文森、利奇、弗雷泽、顾曰国、井出祥子等人的传统研究模式，指出语言礼貌研究的混乱是由于研究者没有将普通社会成员眼中的礼貌与研究者眼中的礼貌区分开来，采用了一种带有规定主义色彩的模式来解释各种礼貌现象。

伊伦在瓦茨等人的基础上进一步提倡区分礼貌 1 与礼貌 2，前者是日常意义上的、交际者内部视角的礼貌，而后者是语言学意义上的、研究者视角的礼貌。伊伦强调，对礼貌 2 的研究必须基于礼貌。伊伦对经典理论的批判得到许多学者的认同，引发了礼貌研究本体论和方法论的全面转型。研究者对于什么是礼貌、礼貌研究应该采用什么样的语料和分析方法，礼貌研究应该如何进行理论解释等一系列问题展开讨论，从而形成了与经典理论截然不同的后现代研究范式。

米尔斯总结了后现代礼貌研究与经典礼貌研究的主要分歧，指出布朗和列文森的面子理论主要存在六个方面的问题。

第一是过于依赖言语行为理论，侧重请求、道歉等言语行为，将言语行为、礼貌与语言形式对应起来，忽略了交际者的主体能动性。例如，说话者可以用道歉的语言形式来表达挑衅，同样也可以用恭维的语言形式来实现道歉。

第二，面子理论假定所有的交际者都是完全理性的、理想化的个体，他们从个体的角度出发，将他人作为实现自己目标的手段。但这一假设在东亚文化、阿拉伯文化中，甚至在西方文化内部也是有争议的。

第三，布朗和列文森假定所有的交际行为都是完美的，说话者和听者的沟通是准确、没有误解的，这与现实状况不完全吻合。

第四，布朗和列文森将礼貌定义为对面子威胁行为的缓和，与戈夫曼、雷科夫和利奇一样，都没有考虑不礼貌的现象，只是纯粹地将不礼貌作为礼貌的不在场现象。卡尔佩珀等对此提出了批评，指出不礼貌行为作为一个独立的研究对象，有其自身的学术研究价值。

第五，面子理论中的权力、距离和强迫度三个变量在一定程度上被滥用。强迫度在道歉、请求中的典型性不完全适用于其他言语行为，而权力对不同个体的礼貌行为的影响也并不总是同等的。

第六，如上一节所指出，布朗和列文森和利奇等对礼貌普遍性的假设受到广泛的质疑。后现代的礼貌研究者一般认为，虽然礼貌现象在各个文化中普遍存在，但其具体的实现方式以及礼貌行为背后的价值观和前提等在不同文化中存在一定的差异，因此考察不同文化中的礼貌行为应该采用不同的概念和理论框架。

对经典理论的全面反思和批判催生了新的礼貌研究范式，学术界将这一范式转换称为"话语转向"。自伊伦起，话语转向的思潮逐渐成为国际礼貌研究领域的主流。创办于2005年的《礼貌研究学刊》在创刊号中即明确声称致力于"推动礼貌研究理论的发展"，并在第一期发表了洛克（M. Locher）和瓦茨，斯宾塞-欧蒂，斯诺尔（S. Schnurr）等人的三篇文章，阐释"关系"中的礼貌。《礼貌研究学刊》在短短十余年间成为国际礼貌研究的主要阵地，为礼貌研究的话语转向作出了巨大贡献。

话语转向中兴起了礼貌研究新方法——"话语研究法"，虽然相关理念和方法的讨论可以追溯到20世纪语言学界对经典礼貌理论的批判和修正，但话语研究法真正成熟的标志是语言礼貌研究小组于2011年出版的《礼貌的话语研究法》。在这本论文集中，米尔斯、卡尔佩珀、卡达尔（D. Kadar）和格兰杰（K. Grainger）等学者系统地梳理了新旧两种礼貌研究范式的区别，剖析了研究法的基本理念。

需要说明的是，话语研究法并不是一个统一的理论框架和分析模式，不同的研究者所采用的分析方法、理论取向和模式建构等存在诸多差异。例如，特科拉菲（M. Terkourafi）认为，一个特定的行为是不是礼貌的，取决于语言表达式与语境搭配的常规性；洛克主张采用"关系工作"代替礼貌来解释人际互动中的关系建构和协商，因为"礼貌"和"不礼貌"的二元对立不能穷尽礼貌现象本身的内涵，即使加上"过度礼貌"和"非礼貌"也仍然不够完善；而阿伦戴尔（R. Arundale）则提出了面子共建理论，认为交际参与者在互动中通过对"人际关联"和"人际分离"等相互关系的解读来共建面子。

话语研究法的不同模式之间存在分歧，其根源在于礼貌研究者借用的理论基础不同。米尔斯归纳指出，瓦茨和克里斯蒂（C. Christie）借用了斯波伯和威尔逊的关联理论来分析礼貌，特科拉菲使用了框架分析法，米尔斯使用了布迪厄（P. Bourdieu）的"惯习"和温格（E. Wenger）的"实践共同体"，此外还有格耶尔（N. Geyer）借用话语心理学和阿伦戴尔的会话分析等。

尽管上述学者在研究理念和分析方法等方面存在诸多差异，我们仍然可以用"话语研究法"作为一个术语来统称这些模式，因为这些分析模式与经典理论相比，大体上都秉持了一些基本的共同理念。基于米尔斯和范·德·博姆（van der Bom）等人的相关综述，我们可以将这些共同理念概括为六条。

第一，礼貌不是话语固有的属性。没有一个语言表达天生就是礼貌的或不礼貌的。例如，"禽兽"既可以是极度不礼貌的詈骂语，也可以是朋友之间亲密的取笑语。同样，恭维既可以是维护听话者面子的行为，也可以是一个不怀好意的不礼貌行为。

第二，不礼貌不是礼貌的附属品。经典理论聚焦于礼貌，而忽略了不礼貌行为，或者仅仅将不礼貌视为"礼貌的缺失"，而后现代的礼貌研究者则认为，不礼貌的"附属地位"阻碍了人们深入地认识不礼貌现象，因此主张将不礼貌作为一个独立的研究对象来考察。不少研究者甚至认为，不礼貌行为独立于礼貌研究之外，应当有自己的分析框架和理论模式。

第三，礼貌研究重在关注过程，而不是结果，主要考察交际者如何在话语交际的过程中实现礼貌或不礼貌，而不是仅仅将礼貌/不礼貌作为一个静态的交际结果来对待。

第四，交际中个体的身份和角色不是预先设定、一成不变的，交际参与者在互动中不断地来回协商，共同建构（不）礼貌关系和各自的身份，因此话语研究法要求既关注说话者的话语产出，也注重两方听者对（不）礼貌行为的阐释。

第五，通过区分礼貌 1 和礼貌 2，话语研究法将研究者的外部视角和交际参与者的内部视角区分开来，重视互动中的交际者本人对话语所做的（不）礼貌解读。

第六，重视语境的作用，要求研究者在更长的语篇层面（而不是一来一往的两个话轮中）寻找交际者动态地建立（不）礼貌人际关系的证据。

以上六点涵盖了话语研究法三个方面的特征：对礼貌本质属性的重新认识，对研究者角色的重新定位，以及对礼貌分析方法的解构和重构。正如"话语研究法"的名称所示，对话语证据的倚重可以说是礼貌研究新模式最重要的标志性特征。

利奇、布朗和列文森在很大程度上是根据自己的母语直觉假定了某种"完美交际"的存在，认为一个理想的交际者会与研究者一样，通过比较得出某一话语听上去更礼貌的判断。话语研究法则认为这样的语料分析过度依赖研究者的直觉判断，在脱离语境的情况下先入为主地将（不）礼貌作为一种属性强加于话语本身。事实上，不难设想出在某一特定的语境中使用何种话语会显得更礼貌。话语研究法主张，礼貌研究应该从实际语境中交际者对话语的具体解读出发来分析人际互动中的（不）礼貌现象。由于交际者对（不）礼貌话语的具体解读往往体现在后继话轮中，所以分析者应该分析更完整的语篇，通过语篇证据来挖掘交际参与者如何在多个话轮的互动中动态地协调、建立（不）礼貌关系。

三、礼貌理论研究新动向

话语转向兴起以来，礼貌研究的边界进一步扩张，礼貌与相邻学科的交叉研究蓬勃发展。丰富的文献、宽广的视角和跨学科方法的运用，已经使（不）礼貌研究从言语行为理论和会话含义理论的分支，逐步发展成为跨界面、跨学科的研究领域。在这样的背景下，研究者已经很难准确地概括出（不）礼貌研究的整体面貌，只能根据主流期刊（如《礼貌研究学刊》《语用学学刊》等）、重要学术会议（如国际语用学大会）和一流学术出版社（如 Cambridge University Press、John Benjamins 和 Mouton de Gruyter）的相关文献来梳理主要脉络。总体而言，近年来的礼貌研究在理念方法、研究主题、语料选择等方面呈现出以下几个特征。

（一）理念方法

在基本理念和研究方法方面，近十年来的礼貌研究大体上有三个主要特征。

1.话语研究法仍然是当前（不）礼貌研究的主流方法

礼貌研究者大体上沿袭了 21 世纪以来的"话语转向"做法，根据交际者的评价和语篇证据来解读人际互动中的（不）礼貌关系。为了发掘出互动中的交际参与者如何从自身的内部视角解读话语、建构（不）礼貌关系，采用话语研究法的礼貌研究者十分重视"跟踪采访"的运用。研究者在记录/转写语料之后，请交际参与者汇报他们本人对特定话语的理解和（不）礼貌评价，以此作为研究者分析（不）礼貌关系的依据，这也是礼貌 1 和礼貌 2 之分的具体实践。跟踪采访在一定程度上克服了研究者个人的主观性和外部视角的局限性，在话语研究法的运用中扮演着十分重要的角色。但我们也需要注意到，跟踪采访也存在一定的缺陷，原因是受访者并不总是能够或者愿意说出互动中（不）礼貌行为的实际解读情况，尤其是涉及不礼貌话语的解读。

有研究者认为，话语转向以来的（不）礼貌研究也经历了又一次方法论的转型，并将经典理论视为第一波礼貌研究理论，21 世纪初兴起的话语研究法是第二波，而近年来正逐渐兴起第三波理论浪潮。这一分期的基本依据是：第二波理论浪潮作为对经典理论的反拨，强调以交际者的反应和评价为判断依据，从而摒弃第一波理论浪潮的"研究者外部视角"，而第三波理论浪潮则试图整合前两波理论，注重考察交际双方或多方如何在具体/特定的交际事件中通过临时协商和共建来实现（不）礼貌关系的建立。但实际上，无论是第二波理论浪潮还是第三波理论浪潮，都强调跳出研究者直觉，依靠参与者视角，倾向于从语篇和互动的实际过程来看礼貌和不礼貌的问题。与早期经典理论相比，所谓的第二波理论浪潮和第三波理论浪潮虽然同中有异，但同大于异，实际上都秉持了话语研究法的基本理念。

2.话语研究法兴起之初的内部分歧如今仍然存在

如前所述，话语研究法初兴时期就存在不同的理论模式，如阿伦戴尔的面子共建论，斯宾塞-欧蒂（2008）的关系管理模式，洛克和瓦茨的关系工作模型和特科拉菲的礼貌研究框架论等，各理论模式之间颇有分歧。近十年来，话语研究法内部的分歧并没有随着时间推移而弥合，不同研究者在话语研究法内涵的理解以及一些具体分析方法上仍然持有争议。例如，卡达尔等人指出，礼貌 1 和礼貌 2 的区分不够彻底，分析语料的研究者也可以是参与者，礼貌理论要充分解释（不）礼貌行为，至少需要从四个维度进行多重理解：

①参与者—元参与者的理解；

②主位—客位的理解；

③外行观察者—分析者的理解；

④大众的—科学理论的理解。

特科拉菲从理论概括度的角度质疑话语研究法，她认为话语研究法聚焦个别现象，太过重视微观语境，专注于个体在特定的互动场景中的（不）礼貌行为，总体而言难免流于琐碎，难以得出具有概括性的理论。

在批判经典理论忽略不礼貌的同时，许多研究者走向了另一个极端，极力主张在礼貌理论之外建立独立的不礼貌理论。例如，代纳尔（M. Dynel）指出，早期不礼貌研究的出发点就是，不礼貌不能被视为礼貌的一个部分，而应当有专门为不礼貌研究建立的独立的理论框架来解释不礼貌的内在机制。但也有研究者指出，礼貌与不礼貌的关系远比我们想象的密切，二者可以相互转化，在某些三方语境中，对一位听者的礼貌甚至同时构成了对另一位听者的不礼貌。

话语研究内部的分歧大多源于从不同角度对经典理论进行的批判，虽然学界也萌发了对经典理论统一模式的向往，但在可以预见的将来，这些分歧仍将继续存在，影响着话语研究法的发展。

3.言语行为仍然是礼貌研究的重要分析工具

虽然米尔斯等人曾批判经典的面子理论相关文献过于集中在道歉、恭维、请求等少数易于形式化的言语行为上，但言语行为理论在语言礼貌研究中仍然具有实践和理论两方面的显著价值。在实践层面，对某一特定文化中某一系列言语行为的研究有助于构建系统的礼貌模式，通过语料库检索言语行为关键词，收集大规模语料，有助于开展对比礼貌研究。在理论层面，言语行为理论有助于洞悉不同情境下语言礼貌的动态性。从主流期刊的最新文献来看，言语行为可以说仍然是礼貌研究中最重要的分析单位之一。

（二）研究主题

在研究主题方面，近年来礼貌研究中的新兴话题不断出现，许多传统话题在引入新的方法和视角之后也重新绽放了生命力。除了常规论文，《礼貌研究学刊》《语用学学刊》自 2010 年以来还组建了十余个礼貌研究专栏，其中与礼貌直接相关的栏目关键词主要包括职业交际语境中的（不）礼貌、历史礼貌、非洲礼貌、面子工作与（不）礼貌、虚假礼貌、全球化与（不）礼貌、互动中的面子、韵律与（不）礼貌、英语变体与（不）礼貌、日语中的礼貌，以及面子、身份与（不）礼貌等。这些专栏在一定程度上反映了十几年来礼貌研究的主要焦点问题，而其中最突出的莫过于不礼貌研究。

出于对经典理论忽略不礼貌现象的矫正，近年来的不礼貌研究热度不减。许多研究者声称，不礼貌研究亟须建立本体的理论框架，简单地从礼貌的缺席/反面来分析，无法全面厘清人际不礼貌问题。早期不礼貌研究主要讨论不礼貌与粗鲁等相关概念的定义以及不礼貌的分类等基础问题，而近年来的研究则更加倾向于聚焦各语言文化和语境场景中的不礼貌行为。在此大潮中，专门以不礼貌为研究对象的文献屡见不鲜，关注礼貌现象的文献则往往兼顾不礼貌，以（不）礼貌为题，纯粹讨论礼貌现象的文献比较少见。

除不礼貌研究的繁荣外，近年来的文献中开始出现越来越多的新兴话题，包括肢体语言与礼貌、多模态礼貌研究、情感与礼貌、历史礼貌道德秩序与仪式化、道德与礼貌、礼貌习得与教学，以及基于 ERP 和 fMRI 等实验手段的礼貌研究等。这些话题的出现源自礼貌研究与其他学科的交叉结合以及跨学科方法的应用。可以推测，这些新兴话题在未来一段时间将会进一步丰富，不断拓宽传统礼貌研究的边界。

（三）语料选择

在语料选择方面，当前礼貌研究的主要特征是偏爱自然会话和网络语料。面子理论和礼貌原则等经典理论大多采用虚构语料，研究者根据自己的母语直觉建构出需要的语料证据，而话语研究法主张在较频繁的互动中发掘语篇证据，以揭示交际者本人对话语（不）礼貌的解读，因此话语转向以来的礼貌研究摒弃了虚构语料，而更加偏爱真实语料。第一波礼貌理论研究浪潮中常见的语篇补全任务（discourse completion tasks, DCT）、角色扮演等诱导语料在话语转向以来逐渐销声匿迹。但研究者也遇到了语料上的困境：虽然真实自然的会话语料便于研究者跟踪采访，便于开展深度的质性研究，是话语研究法的首选语料类型，但收集难度较大、难以控制变量，也不便于开展量化研究。

因此，研究者大多采用折中的办法，使用了较多书面语料、网络和新媒体交际语料以及影视节目语料，如 Youtube、微博、真人秀和电视访谈节目等。正如多波斯（A. M. Dobs）和加塞斯-孔雷瓦斯·布里茨维奇（P. Garces-Conejos Blitvich）指出，大部分研究者都偏爱冲突、娱乐型语料，而没有充分研究真实、自然的语料。布朗回应了面子理论

40 年来所受到的批判，她指出，当前研究者大多采用容易收集的、基于预定台词的互动语料，而很少通过自然发生的真实人际互动来考察礼貌关系的建立。

总体而言，多波斯、加塞斯-孔雷瓦斯·布里茨维奇和布朗的批判有一定的道理，但我们也应当注意到网络交际语料自身的价值。首先，网络交际在当今社会的人际交往中占据着越来越重要的地位，其作为独立的研究对象本身具有合理性。其次，网络上"匿名化"和"快节奏"等在线交际特点赋予了网络语料一定的特殊性，使得现实生活中较少见的冲突性话语和"仇恨言语"等在网络语料中十分常见。这是网络语料研究不容忽视的方面。

此外，网络交际语料是真实、自然发生的人际互动，相应的语境背景比较容易收集，符合话语研究法的理念和要求。出于这些原因，《语用学学刊》等主流期刊上基于网络交际语料开展的礼貌研究文献数量呈不断上升趋势。2018 年，由福建师范大学谢朝群和西班牙阿利坎特大学于斯（F. Yus）联合主编的期刊《网络语用学》创刊，创刊之后的第二期即专门讨论了在线交际中的（不）礼貌问题。网络交际（不）礼貌研究的兴盛，可见一斑。

话语研究法偏爱自然语料的另一个影响是研究者逐渐开始重视多方交际中的（不）礼貌现象。在利奇、布朗和列文森的经典理论等第一波礼貌理论研究浪潮中，第三方在场者对（不）礼貌行为的影响始终没有得到充分关注，高度抽象的理论模式倾向于将所有交际概括为"说话者—听话者"的两方交际模式。但随着自然语料分析的兴起，研究者在语料收集过程和观察中发现：现实生活中的真实交际行为往往发生在多人之间，纯粹两人之间的对话有时反而较为少见。近十年来，多方交际中的（不）礼貌现象日益受到研究者重视。一个基本的共识是：在场第三方对"说话者—听话者"两方之间的（不）礼貌行为有不可忽视的影响，有时甚至会改变或颠覆研究者对（不）礼貌话语的常规解读。

东亚文化深受儒家思想影响，因其社会等级、集体主义等特征而与西方文化迥异，是检验和反思西方礼貌理论的最佳阵地。东亚学者在 20 世纪 90 年代的国际礼貌研究领域十分活跃，尤其是在批判经典理论的文化普适性方面作出了突出贡献。至 21 世纪初，卡达尔和米尔斯等人曾指出，东亚学者对礼貌研究的话语转向反应相对滞后。这一批评当时或许有一定的合理性，中国学者在国际学术界的"失语"现象是许多学科由来已久的弊病之一。

但是近年来至少在礼貌研究领域，中国学者迅速崛起，很大程度上扭转了中国学者在国际学界"失语"的局面。张绍杰、冉永平、陈新仁、谢朝群等一大批中国学者在国际一流学术期刊上发表论文，探讨中国礼貌问题，提出中国特色的礼貌理论，发出了中国语用学界的声音。2016 年，由中国学者陈新仁担任联合主编的《东亚语用学》创刊发行，为中国语用学者走向国际舞台搭建了新的平台，同时也标志着中国学者在国际语用学界扮演着越来越重要的角色。我们相信，中国学者的礼貌研究在建立中国特色哲学社会科学话语体系的过程中大有可为，也必将大有作为。

第五节　顺应理论

比利时语用学家维索尔伦（J. Verschueren）提出的语言顺应论形成于 20 世纪八九十年代，在《语用学新解》一书中得到了系统呈现。语言顺应论指出，语言使用是一个连续不断的语言选择过程，在选择过程中涉及三个不同等级上的相关概念：变异性、协商性、顺应性。该书一经问世，国内外学者立即对其进行述介；《语言》（*Language*）杂志也对该书进行了推介。钱冠连、霍永寿还于 2003 年完成了该书的中译本。语言顺应论的应用研究数量大，涉的话题广。应用研究的话题主要涉及：翻译现象，主要研究者有戈玲玲、宋志平、王建国、马霞、李占喜等；语法现象，主要研究者有于国栋、张克定、冉永平、方晓国、张绍杰等；语用策略，主要研究者有何自然、张淑玲、鞠红、戴曼纯、吴亚欣等；外语教学，主要研究者有吴增生、谢少万等。应用研究涉及的语篇类型除日常交际话语外，还包括广告语、医疗咨询会话、学术对话、庭审辩护词等。

本节旨在探究《语用学新解》问世以来语言顺应论在理论研究方面的发展动态，具体包括对该理论核心内容的进一步诠释，围绕该理论展开的争鸣和提出的修正方案，以及维索尔伦本人对该理论进行的补充。

一、顺应理论的基本思想

学界对语言顺应论的诠释包括两个方面：一方面是对《语用学新解》等语言顺应论原始著述中提及的重要术语和核心理念进行内涵还原；另一方面是对语言顺应论思想体系中的关键要素开展详细分析和具体评价。

（一）第一个方面涉及的话题

第一个方面涉及的话题主要包括以下内容。

1.语言顺应论的理论属性问题

维索尔伦指出语言顺应论不同于合作原则或关联理论，它并不是一个操作性理论，它关注的是语言-心智关系的总体属性，提出该理论的初衷是提供理解语言和语言使用的一个视角，而非将其当作分析具体言语交际的方法或路径。所以，在术语上维索尔伦更倾向于使用"adaptability"而不是"adaptation"。因为后者能体现语言使用特征的具体过程，而前者是指语言-心智关系的总体属性。另外，维索尔伦也不倾向于使用理论来指涉《语用学新解》中建构的体系，而是倾向于将之称为框架，所以按照维索尔伦的观点，语言顺应论的英文表达应为 the framework of Linguistic Adaptability。

2.语用学学派二分问题

这种二分源于列文森，并在黄衍的研究中得到了详细阐发。黄衍将国际语用学界划分为两个学派：一是英美语用学派，二是欧洲大陆语用学派。前者将语用学视为同语音学、音系学、词汇学、句法学和语义学并列的语言学研究分支，秉持分相论，并以会话含义、预设、言语行为、指示语等为分析单元。后者将语用学视为可解释任何层面语言现象的综观，秉持综观论，没有明确的分析单元，其代表性学说主要是语言顺应论。这种二分法被学界广泛接受，但维索尔伦并不认同。

维索尔伦指出，语用学学派二分是建立在三个基本假设之上的：一是存在两个对立的学派；二是对立的两个学派一个是英美语用学派，另一个是欧洲大陆语用学派；三是英美语用学派秉持分相论，但欧洲大陆语用学派不认同分相论。维索尔伦认为，欧洲大陆语用学者并未形成一个学派；英美语用学派深耕的部分话题具有浓重的欧洲大陆印记，而语言顺应论所秉持的综观视角则深受弗斯（J. R. Firth）语言学的影响；梅伊等部分欧洲大陆语用学者采用综观的方式进行语用学分析，但也认同分相论。总之，维索尔伦不赞同这种基于地缘标准的划分方式。

（二）第二个方面涉及的话题

第二个方面涉及的话题主要包括以下内容。

1.对语言顺应论所提出的语用视角观进行解读

毛延生围绕语言顺应论的四个维度进行了论述，指出就语境维度而言，视角是一种语境化了的关系；在结构层面，视角存在显性和隐性之分；从动态机制上看，视角具有复杂性、涌现性；就突显程度来说，视角允准分层化认知处理。

2.对语言顺应论的意义观进行阐发

毛延生认为语言顺应论的意义研究回归了复杂性，具体体现在：本体论上从分析性转入复杂性，价值论上建构语用三角、突破语义三角，认识论上锁定优化解而非最优解。就语言顺应论中的复杂性思想而言，毛延生还从本体论、认识论、方法论三个角度入手进行了思考。

3.对语言顺应论的方法论进行诠释

毛延生从方法论诠释的可能性、可行性、现实性三个基本维度入手阐释了顺应论中的方法论思想——超越还原论。

二、顺应理论的发展

语言顺应论问世以后，学界肯定其积极贡献，但也有部分学者对其进行了质疑，概括起来主要包括：解释力过强，覆盖面过宽，不可证伪，笼统和解释不充分，对语言选择界定过严，语言选择与语言效果对应过于固定。秉持这些看法，学者们围绕相关问题展开了争鸣，也尝试提出了修正方案。围绕语言顺应论"不可证伪"这一话题，陈新仁提出"语言顺应论要证实的是什么？如何认定该理论可以被证伪？"的问题，指出了语言顺应论能被证伪的五种条件：

①交际者针对特定的交际目的，不刻意顺应语境因素使用语言，但仍实现了交际目的；

②交际者针对特定的交际目的，刻意地顺应语境因素进行语言选择，但未实现交际目的；

③交际者没有特定交际目的，但仍进行了语言选择；

④交际者虽然有交际目的，但却不顺应语境因素；

⑤由于交际目的、立场等与对方的目的、立场等冲突，交际者刻意不顺应语境因素。

围绕语言顺应论笼统、解释不充分这一问题，部分学者提出了修正方案，如杨平提出了"关联—顺应"模式，冉永平提出了"顺应—关联"模式，廖巧云提出了"合作—关联—顺应"模式，韩东红提出了新的"关联—顺应"模式。陈新仁认为将会话合作原则、关联理论和顺应理论在同一个层面上进行组合有所不妥，建议将这些理论融入语言顺应论这一宏观框架下，具体分析说话人交际目标，具体说明交际者拟传达的特殊表达效果，具体明确语言选择中特定层面的顺应特征，具体考虑语言选择时交际者顺应的语境因素，具体细化与语境因素相关的微观理论模块。毛延生认为，提出修正方案是改进语言顺应论"缺陷"的积极尝试，但也认为这些修正方案的实际效果有限。

围绕语言顺应论对语言选择界定过严、语言选择与语言效果对应过于固定这一话题，陈新仁对维索尔伦提出的语用学理论结构图进行了局部修改。他认为，由于社会文化、认知等的影响，同一结构或形式可以执行多种功能；反之，同一功能可以通过多种形式实现，因此语言结构对应的是其交际功能，二者之间的匹配不是一一对应的关系，需要考察结构与功能在具体语境中的匹配问题，而非结构与语境的匹配问题。

三、顺应理论研究新动向

如前文所述，维索尔伦对于语言顺应理论体系的构建，到《语用学新解》出版为止，完成了包括语言使用认识视角、语言使用属性、语用学研究角度在内的系统构建。然而，该书对于语用学研究的四个角度在微观语用分析中所担负的任务以及彼此之间的关系表述得还不够明确，对于微观语用分析中适宜采用的研究方法描述得还不够具体。此后，维索尔伦在这两个方面进行了补充，进一步丰富了语言顺应论的理论体系。

关于四个角度在微观语用分析中所担负的任务以及彼此之间的关系，维索尔伦主要进行了以下探讨。如维索尔伦所述，对动态意义生成过程的解释需要围绕语境、结构和意识突显度进行。在维索尔伦看来，结构与语境是"一体工作的"。交际中的结构与语境之间存在本体论上的联系和认识论上的联系。结构与语境之间的本体论联系体现在语境变化，形式所表达的意义随之变化；语言形式变化，语境也随之变化。结构与语境之间的认识论联系体现在：在交际者参与的活动交互展开过程中，结构资源被用来标明说话人对语境现象的诉求。换言之，交际者可以从语言结构的使用情况了解到语境的情况。

结构与语境之间的本体论联系，说明二者并非单向的得体关系而是相互顺应关系，结构与语境之间的认识论联系有助于人们以实证的方法去评估语境因素的关联性，而不必滑向主观臆测。陈新仁肯定这一思想在深入认识语言形成、变化、发展以及理解语言使用本质、机制等方面的积极作用，但也指出这种思想容易走向机械主义，不能充分解释交际中不时发生的错位或"有标记"结构选择。

在近年的论著中，维索尔伦对语用学四个研究角度的探讨是建立在进一步厘定显性意义、隐性意义关系的基础之上的。就隐性意义和显性意义的关系而言，他认为语言具有两个本质特征。第一，所有的语言（或许所有的言语）使用的都是由隐性意义、显性意义共同构成的复合体。第二，所有的语言都有结构手段对隐性意义进行"标记"（或编码）。维索尔伦指出，隐性意义和显性意义不是二元关系而是层级关系。这种层级性并不是单维度的，隐性意义载体与其语言环境和非语言语境之间还存在着互动；而且隐性意义还存在一个"突显度"的问题，隐性意义在隐性程度上是有差别的。维索尔伦构建了以下的隐性意义三维模型，这三个维度共同体现出意义的动态性。

关于研究方法，维索尔伦历来重视基于数据的实证研究。在他看来，语用学是一个实证研究的领域。他认为，理论建构固然很重要，但只有将理论在语言使用的事实中进行验证，我们才能获得真正的进步。维索尔伦对语用研究方法的集中论述和系统实践集中体现在《语言使用中的意识形态：实证研究的语用准则》一书中，该书以语言顺应论为理论基础，以历史教科书中记述的"印度民族大起义"等殖民相关素材为语料，系统介绍了参与语言使用和意识形态分析的基本语用准则，细致地呈现了一系列具体分析步骤，勾勒出语言使用中生成的意识形态图景，从语用学的角度为意识形态研究提供了一种有效的、全面的分析方法。

综上所述，自《语用学新解》问世以来，语言顺应论在理论研究方面获得了长足的发展，其中既有维索尔伦本人的论述，也包括其他学者的探索。对语言顺应论重要术语和核心理念内涵的还原，为准确理解和应用该理论打下了更为坚实的基础；对语言顺应论视角观、意义观及方法论的阐释，有助于拓展该理论的认知宽度，加深该理论的评价深度。对语言顺应论的争鸣与修正，一方面有助于在比较中理解语言顺应论与其他语用学理论之间的关系，另一方面能为语言顺应论的成熟和完善提供参考。维索尔伦本人在语言顺应论组成框架及方法论方面的补充使语言顺应论的体系构建从宏观走向微观，各核心要素在语用分析中承担的角色更加清晰，研究方法更为详细，为相关研究起到了示范作用。

第三章 语用学的新视角

1962 年，奥斯汀的《如何用言语做事》出版，标志着语用学研究正式出现，在过去六十多年的时间里，语用学的发展非常迅猛，特别是进入新世纪以来，语用学发展的多元化趋势和跨学科特征越来越明显，已形成百花齐放的研究局面。除了诸如对比语用学、跨文化语用学、语际语用学、认知语用学等相对早一些确立起来的研究领域，变异语用学、批评语用学、临床语用学、历史语用学等研究领域相继出现。

第一节 变异语用学

本节主要包括三个部分，即变异语用学的基本知识、研究现状和未来展望。

一、变异语用学的基本知识

变异语用学是语用学研究的一个新兴领域，主要考察同一语言内部由于地域、性别、年龄、民族、身份以及社会经济阶层等宏观社会因素差异而引起的语言使用上的变化。

尽管变异语用学被认为是语用学研究的重要领域，但就其学科渊源来看，它的产生与社会语言学也有密切关系。巴伦和施耐德指出，变异语用学可以看作语用学和社会语言学的界面研究，更确切地讲，是语用学和方言学的交叉研究。一方面，作为社会语言学分支之一的现代方言学，主要研究语音、词汇、语法等，对语言的使用维度缺乏关注；另一方面，语用学研究中对地域及社会因素（如性别、年龄、社会经济阶层等）影响语言使用的情况关注不足。为寻求二者的结合（即语用学研究的"方言化"和方言学研究的"语用化"），变异语用学应运而生。

　　与对不同语言间的语言使用情况进行比较研究的对比语用学和跨文化语用学不同，变异语用学聚焦同一语言内的语言使用变化情况；与其"孪生"学科——历史语用学聚焦历时层面不同，变异语用学考察的是同一语言内部共时层面的语言使用变化。

　　就方法论来看，对比是变异语用学的基本原则之一，变异语用学从根本上来说是对比性的，对比研究至关重要。与之相关的另一个原则是语料或数据的可对比性原则。以巴伦对英国英语和爱尔兰英语中请求言语行为的研究为例，其受试包括两组：一组是爱尔兰东南部一所学校的 27 名女生，平均年龄 16.2 岁；另一组是英格兰南部一所学校的 27 名女生，平均年龄 16.3 岁。显而易见，两组受试请求行为的数据之间具有可对比性。但如果拿 27 名平均年龄 50 岁的爱尔兰男性的请求行为跟 27 名平均年龄 16 岁的英国女生的请求行为进行比较，就不具有可对比性。除此之外，变异语用学研究不是内省式的，而是必须要遵循实证原则，这是变异语用学最基本的方法论原则。

　　巴伦和施耐德指出，变异语用学分析可以在五个具体层面上进行。

　　形式层面：主要是对语言形式的分析，如话语/语用标记语、模糊限制语、强化语等。

　　行为层面：主要聚焦言语行为，如依据话语直接程度和礼貌程度来考察的言语行为关系和言语行为的修饰；言语行为的功能以及言语行为的语言实现方式等。

　　互动层面：主要聚焦话语序列模式的分析，如毗邻对、言语行为序列、会话启动和会话结束，同时也可拓展到会话过程中的身份建构、礼貌及不礼貌的协商等。

　　话题层面：关注话语的内容和话题，如可以选择哪些话题，如何引入话题，如何在交际互动中拓展、改变以及终止话题等；再如哪些话题适合闲聊，哪些话题属于禁忌话题等。

　　组织层面：主要关注话轮转换，如如何占有发话权，如何分配发话权，以及停顿、重叠、打断等。

二、变异语用学的研究现状

　　虽然在 20 世纪 90 年代中期就有学者进行了变异语用学的相关研究，但"variational pragmatics"这一术语直到 2005 年才出现，任育新、陈新仁将其翻译为"变异语用学"。巴伦和施耐德是变异语用学研究的开拓者和推动者。在他们的积极推动下，变异语用学研究快速发展，受到越来越多学者的关注，在近十年里取得了丰硕的研究成果。

（一）对五个宏观社会因素的考察

地域、性别、年龄、民族身份以及社会经济阶层等是目前变异语用学研究中关注的五大类宏观社会因素。当然，这些宏观社会因素不是封闭的，可以纳入更多因素，如受教育程度和宗教信仰，还可以拓展到城乡背景差异、职业背景差异、虚拟—现实空间差异等。

基于这些宏观社会因素差异，众多学者进行了很多有益探索。总体上看，目前的研究主要关注地域因素的变化，如对以英语、西班牙语、法语等为母语的不同国家和地区之间的语言使用的对比分析。施耐德和巴伦主编的《变异语用学：聚焦多中心语言的地域变体》是地域语用变异研究的典型文献。也有对性别、年龄、民族身份以及社会经济阶层等差异引起的语用变异研究，但相关研究成果还比较少。

（二）对五个分析层面的研究

在上述五个分析层面中，行为层面是变异语用学关注最多的，现有研究涉及请求、赞扬、致谢、邀请、给予、建议、致歉、抱怨、谴责等。其中最受关注的是请求言语行为，如巴伦对英国英语和爱尔兰英语中请求言语行为的研究，菲利克斯-布拉斯德芙（Felix-Brasdefer）对不同地域的西班牙语中请求言语行为的研究，约翰斯（Johns）和菲利克斯-布拉斯德芙对达喀尔（塞内加尔）法语和法国法语中请求行为的研究。相对于请求行为而言，变异语用学对其他言语行为的研究广度远远不够。

语言形式层面的研究涉及语用标记语、回应标记语、模糊限制语等。比较典型的研究，如艾吉木（K. Aijmer）对比了多个英语变体中 or 和 and 引导的拓展语的使用情况，如 or something，or anything，or whatever，or something like that，and things，and stuff，and everything，and that，and all that 等。由于语言形式便于检索，所以语言形式层面的研究多以现有语料库为数据来源，通过语料库方法开展。艾吉木对 or 和 and 引导的拓展语的考察基于英语国际语料库（International Corpus of English, ICE）中的多个子语料库，如其中的英国英语（ICE-GB）、澳大利亚英语（ICE-AUS）、新西兰英语（ICE-NZ）、加拿大英语（ICE-CAN）、新加坡英语（ICE-SN）等，由于此语料库中没有美国英语，所以采用了圣芭芭拉美国英语口语语料库（Santa Barbara Corpus of Spoken American English, SBC）作为美国英语变体的语料来源。

变异语用学在互动层面、话题层面、组织层面也有一些相关研究。较为典型的是施耐德基于对话产出任务收集的数据，考察了英国、爱尔兰、美国的闲聊话语的会话结构，对其开始话轮和延伸话轮的特征进行了详细对比。他指出，三者之间的差异在形式层面、行为层面、互动层面、话题层面、组织层面上均有体现，最明显的差异体现在开始话轮中的语步类型上。另外，格鲁伊肯斯（R. Geluykens）等人对比分析了英国英语和美国英语中请求回应序列中的偏好/一致结构和非偏好/非一致结构，堪称运用语料库方法研究会话分析相关内容的有益探索。

（三）对多中心语言的考察

变异语用学研究目前涉及了多个中心语言，主要包括英语、西班牙语、法语、德语、荷兰语、瑞典语、汉语等。总体上，首先对英语语言的变异语用学研究最多，如英国英语与爱尔兰英语，英国英语与美国英语，英国英语与新西兰英语，英国英语与澳大利亚英语，美国英语与澳大利亚英语等；其次是西班牙语，如墨西哥和多米尼亚西班牙语，墨西哥、哥斯达黎加和多美尼亚西班牙语，基多（厄瓜多尔）、圣地亚哥（智利）和塞维利亚（西班牙）西班牙语等；也有对其他语言的变异语用学研究，但相对较少。

近年来，变异语用学研究也逐渐引起了国内学者的关注。例如，《外语研究》2019年第一期刊登了陈新仁组织的"当代中国礼貌观变异调查与分析"研究专题，以致歉行为为切入点，引入变异语用学视角，考察了当代中国礼貌观的城乡差异、地域差异以及当代中国大学生礼貌观的性别差异。《浙江外国语学院学报》2019年第五期发表了任育新组织的"变异语用学"研究专栏，包括四篇文章，分别聚焦民族身份、不同地域网络交际社区、职业群体、"00后"群体的城乡及性别差异等宏观社会因素，考察了致歉行为、抱怨行为、致谢行为、请求行为，对之前研究较少的宏观社会因素进行了积极探索。

三、变异语用学的未来展望

作为新兴研究领域，变异语用学已基本确立了自己的学科特征和研究范式，但今后的研究仍可从多个方面进行拓展和深化。

（一）可以拓宽宏观社会因素范围

目前变异语用学的研究多基于地域差异考察语用变异，对此方向可持续推进，进行深入、细致的研究。同时需要关注考察较少的因素，如性别、年龄、民族身份、社会阶层等，还可以将教育背景、城乡差异、职业差异等因素纳入考察范围。

此外，虚拟—现实空间差异与语用变异研究可以作为今后变异语用学研究的重要方向之一。目前，基于网络和各类新媒体的交际越来越普遍，这些交际中的语言使用新方式与现实生活交际有一定差异。任育新指出，虚拟—现实空间的差异，也会造成人们在两类空间交际中语言使用的差异。因此，需要开展网络新媒体交际以及虚拟空间与现实空间语言使用的异同研究。

（二）可以深化五个分析层面内涵

在五个分析层面上，以后的研究在拓宽形式层面和行为层面研究的范围和内容的同时，需要加强对互动层面、话题层面、话语组织层面上语用变异的考察，并以其为基础拓展到言语交际中的其他语用现象，如礼貌或不礼貌现象、身份建构、权势关系建构等。施耐德明确指出，这五个分析层面并非穷尽性的，因此以后的研究可以对其进行拓展。可以看出，巴伦和施耐德搭建的五个分析层面的框架主要是基于以语言为媒介的交际，而在科技创新与发展的背景下，交际方式、交际过程等都出现了较多新的语用特征及新的话语表现，意义的传递也具有多样性。因此，变异语用学的分析层面还可以包括非言语交际以及多模态话语交际的内容。

（三）需要加强多中心语言地域变体的考察

未来研究一方面可以更深入、全面地考察英语和西班牙语这两类受关注较多的多中心语言的语用变异情况，另一方面可以加强对其他多中心语言的变异语用学的研究。尽管巴伦和施耐德明确指出变异语用学考察的是相同语言作为第一语言的各种变体间及跨变体的语用变化，但其实还可以打破仅考察母语为相同语言的语内语用差异的局限，关注卡齐鲁（B. Kachru）所说的英语"外圈"变体之间和"扩展圈"变体之间的语用变异以及英语作为通用语的语用变异。在全球化背景下，英语作为通用语，其重要性不言而喻，因而从变异语用学的角度考察不同地域英语作为通用语的使用情况，具有重要的理论和现实意义。

第二节 批评语用学

批评语用学是语用学研究中的一个新兴领域，主要沿袭批评话语分析的研究路径与方法，采用语用学理论工具来考察社会语境中语言使用背后隐含的意识形态、价值取向、权力干预、社会偏见等问题，目的在于批评不恰当或不文明的语用方式，同时弘扬文明的语用方式。本节首先对批评语用学的形成与发展进行追溯，然后介绍批评语用学的学科性质与主要话题、批评语用学的理论工具，最后介绍批评语用学的应用，并对该学科的未来发展前景进行展望。

一、批评语用学的形成与发展

（一）批评语用学的形成

批评语用学的来源主要有两个路径，一个是语用学自身的研究视域不断拓展与深化，由关注社会语境中的语用方式，转为进一步深入探讨话语背后隐藏的社会心理、价值观念、语用歧视、权力关系等意识形态方面的问题；另一个来源是早先发展起来的批评话语分析理念，两个方面彼此交融、相辅相成，最终催生了语用学研究的批评范式以及语用学视角下的批评话语分析研究路径，形成了批评语用学。

早在 1979 年，欧洲大陆派语用学代表人物——丹麦学者梅伊就发表了《语言研究的批评理论构建》一文，提出了"语言解放"的观点。1985 年，梅伊又出版了著作《谁的语言？语言语用学研究》，运用马克思主义辩证法分析了社会语言使用存在的问题，并强调了将语言与语言使用者紧密结合来展开话语分析的重要性。他认为，语用学研究只有结合语言使用者背后的各种社会因素展开深入分析，才能深入地了解语言使用者的心理及其交际意图。这些观点可以看作批评语用学思想的萌芽。

此后，随着批评话语研究的快速发展，很多语言研究领域均受到批评思想的影响，语用学也不例外。几年之后，梅伊进一步丰富和完善了早期的批评语用学思想，并在其出版的著作《语用学引论》中正式提出了"critical pragmatics"（批评语用学）这一学科概念。他提出，语用学在研究社会领域的语言使用现象时，必须牢牢把握住"语言使用者"这一基本要素，考察语言使用者的身份和使用者所处的社会语境条件，以及这些语境条件对语言使用者产生的影响，等等。他认为，语用学作为一门社会科学，应该利用自己的学科优势着力引导人们认识语言使用中可能潜藏的权力不平衡现象及语言歧视现象，并努力去改变或减少这些语言使用现象所带来的负面社会影响。这本书的主要贡献有两个，第一是正式提出了批评语用学这个学科概念，第二是提出了语用学研究应该多关注话语中存在的不平衡现象及语言歧视现象这一观点。然而，这个阶段的批评语用学研究目标、研究方法及体系还处于萌芽状态，并未产生较大的影响。

（二）批评语用学的发展

随着语用学研究范围的逐渐拓展与研究内容的逐步加深，批评语用学的概念与内涵也得以丰富。20世纪末，维索尔伦也关注到了语言背后的意识形态问题。他在其专著《语用学新解》中指出，（言语）交际与意识形态之间存在着不可分割的关系，并结合语用学常见话题（如指示语、元语用标记语等）详细讨论了话语与意识形态之间的关系。同时，该研究还揭示了霸权主义和群体边缘化是如何通过隐性的话语方式得以实现的，并为开展类似研究提出了基本的研究框架和路径。虽然他在研究中并未明确使用"批评语用学"这个概念，但其主张的语用学研究在理念与路径上与梅伊所提出的批评语用学理论主张不谋而合。

2007年，维索尔伦再次强调，语用学应关注公共领域话语中存在的社会问题，并致力于揭示和解决隐藏在语言之中的负面意识形态和话语权力操控等问题。随后，陈新仁于2009年基于梅伊和维索尔伦的研究，发表了《批评语用学：目标、对象与方法》一文，认真梳理了批评语用学的起源与脉络，并对该学科的研究目标、研究对象及研究方法进行了比较系统的探讨。

2013年，陈新仁在其完成的国家社科项目基础上出版了专著《批评语用学视角下的社会语用研究》，进一步阐释了批评语用学的研究方法与路径，构建了社会用语的批评语用分析框架，并聚焦店铺名称、欺诈性广告话语、社会歧视用语、不文明社会用语等社会语用现象，开展了批评语用研究视角下的个案分析，揭示了社会用语中的不良意识形态，并倡导更文明和适切的社会用语表达。2020年，该书的英文版出版，成为国际上第一部用英文撰写的批评语用学著作，引起了同行关注，进一步奠定了批评语用学作为语用学分支学科的学术地位。

二、批评语用学的学科性质与主要话题

（一）批评语用学的学科性质

陈新仁认为，批评语用学属于批评话语分析的一个分支，是采用语用学理论开展的批评话语分析，在理论路径上是对现有的批评话语分析路径的有效拓展和补充。如今批评话语（语篇）分析的理论路径主要包括系统功能语言学路径（批评语篇分析、批评语言学），认知语言学路径（如批评认知语言学分析或批评认知语言学），语用学路径（批评语用分析或批评语用学）。也就是说，批评语用学的学科目标是在语用学理论框架内，通过话语的积极评论与消极评论，考察言语交际中消极或不良的语用语言方式，揭示其背后隐藏的不良意识形态、社会观念、话语权力等，并试图通过批判性评论来影响人们的思想与行为，旨在弘扬正面的社会语用方式，以期对社会公共领域的话语生态及语用文明建设作出应有贡献。

批评语用学中的"批评"基本沿袭了批评话语分析的"批评"内涵，认为批评是对社会生活中的语言现象所持的反思性、观察性态度。基于前人研究，陈新仁认为，批评语用学作为语用学的一个新兴研究领域，主要侧重于采用一定的视角或立场对社会语用现象进行积极或消极评论。批评语用学一方面关注积极的社会语用现象（如文明、礼貌的社会用语），肯定和弘扬积极、正面、文明、礼貌的语用方式，称为积极批评语用分析；另一方面也关注消极的社会语用现象（如语言使用背后的权力压迫、社会偏见等），可称为消极批评语用分析。

（二）批评语用学的主要话题

批评语用学关注的话题较为广泛，涉及语言使用中的权力操控问题（如医患交际中的提问、打断、话轮控制及法庭交际中的权力支配等），广泛社会用语（特别是广告用语）中的欺诈问题，语言使用中的偏见/歧视问题（涉及性别、年龄、职别、阶层、文化、种族、省籍等方面的歧视）等。

梅伊认为，批评语用学应该将语言使用者（而不是语篇或话语本身）作为批评的对象。例如，考察具有一定社会权力的语言使用者是如何通过语言使用实现话语控制的，比如医疗话语、教育话语、媒体话语等机构性话语。又如，通过考察公共场合中的社会

用语、官方文件用语等，可以分析话语使用者的价值取向、社会情感等。

三、批评语用学的理论工具

田海龙认为，话语研究主要有两种不同路径：一是语言学路径，一是社会学路径。语言学路径主要侧重于透过语言运用这一窗口考察各方利益纠纷和权力斗争；社会学路径则侧重于通过不同社会现象的产生和发展来认识语言在社会发展中的建构作用。前者一般被称为批评语言学研究路径，借鉴的理论工具主要是韩礼德（M. A. K. Halliday）等人提出的系统功能语法（包括及物性系统、人际功能系统等）等工具。批评语用学则主要借鉴语用学领域的一些理论，如言语行为理论、预设理论、礼貌理论、语言顺应理论、关联理论、模因论等来进行话语分析。

例如，可从言语行为的角度来考察实施言语行为在交际语境及交际者身份的适切性问题，并分析交际者采用某一言语行为类型及语言方式时的特定用意和特定效果，以及在特定语境下说话人所使用的言语行为可能隐含着的负面的意识形态、价值观念或社会心理，并对其展开评论，从而引导人们准确地识别和抵制这些隐藏的负面价值观念或社会心理，并有效地消除它对受话人可能产生的负面影响。再如，礼貌理论也可以纳入批评语用学分析的框架当中。社会用语合理利用语言礼貌是语言文明的主要标志，因此同样可以使用礼貌理论针对不文明、不礼貌的社会用语开展批评语用分析。

此外，还可以运用预设理论开展批评语用分析。语用预设的单向性和隐蔽性可能使得话语中会被植入说话人故意设计的观点或前提，让听话人无意中就中了圈套。例如，支永碧根据说话人的主观心态，将虚假语用预设分为主观性虚假语用预设和客观性虚假语用预设，认为主观性虚假语用预设具有一定的语用目的和意识形态倾向；从修辞功用角度看，它有积极的修辞效果，可称为积极虚假语用预设。该观点认为，对批评话语分析者而言，积极虚假语用预设是话语生产者表达观点、操控读者、实现交际意图的一种有效手段，揭示了虚假语用预设的意识形态特征。后来，支永碧又以批评语言学和系统功能学为理论基础，结合政治新闻话语的具体事例探究了名词化语用预设与权力、话语控制和意识形态的关系。这两项研究都充分展示了语用预设在批评语用学研究中应用的可行性，并具有较强的解释力。

在顺应理论框架下，可从语言的选择性角度解读言语交际者在语言层面及内容上的各种选择，以及这些选择的背后可能存在哪些特定的交际意图，并对其展开语用批评分析。此外，还可从语言的顺应性角度来分析说话人为了达到某些特定的交际意图，采用哪些话语策略来顺应了一些负面社会价值观念或心理因素来对受话人实施心理操控，从而达到其特定的交际目的。同样，关联理论也可应用于批评语用分析的框架中。例如，胡旭辉、陈新仁认为，关联理论的分析框架可以有效解决批评话语分析面临的几个问题，进一步增强批评话语分析的解释性、分析的主观性和结果的不确定性，并提出了具体的解决措施。

除此之外，国外还有一些学者探索了批评语用学研究的创新应用。例如，有学者结合认知、语用及批评话语分析三个领域的研究方法，构建了一个批评认知语用学分析框架，研究了英国广告用语中的性别隐喻现象，挖掘其中隐藏的性别歧视问题。文章论证了批评认知语用分析的特殊优势，即有助于观众更高效地找到认知关联，更好地揭露广告隐喻中一些性别歧视的意图，并提醒广告受众如何避免广告语言可能产生的负面社会影响。这个混合式批评语用研究框架是一个较为成功的勇敢尝试，也为批评语用学理论的进一步发展开辟了道路。

四、批评语用学的应用与展望

（一）批评语用学的应用

批评语用学着力于关注社会话语中的现实问题。国内学者开始对社会话语中的问题展开一系列探索，从研究领域来看，批评语用研究目前已涉及广告话语、公共环保话语、教育话语等多个领域，体现了较强的应用性及较大的开拓空间。

例如，国内外许多研究着重关注商业广告中的一些误导和违法问题。徐建华分析了我国电视媒体中大量违法烟草广告存在的问题，发现其主要原因是广告商利用创意手法的隐蔽性，迎合消费者心理，假托企业宣传，以字幕掩盖真相。陈新仁、陈娟的研究表明，模糊性商业广告用语在语用效果上具有美化、渲染的功能，对消费者的理解会产生一定的诱导，客观上可能成为引发商业纠纷的隐患。钱永红分析了欺诈性直销广告中的模糊语使用问题，揭示了广告商利用消费者的某些社会心理进行隐性操控而实施欺诈的心理机制。

除上述关于广告话语的研究外，陈娟在大量环保话语语料的基础上，从生态观念、管理观念及相关话语实现方式的角度开展了积极与消极批评语用分析。此外，批评语用研究还可用于教学领域。例如，胡丹采用语用学理论对低调陈述用作课堂教学评价语进行了积极批评语用研究，发现低调陈述修辞格是一种积极的语用策略，是文明的、合理的语用方式，能够创造一种良好的教育教学的语言生态环境。低调陈述的恰当使用，有利于营造良好的课堂教学环境，让师生关系更和谐，从而提高学生综合素养。

（二）批评语用学展望

总的来说，相对于语用学中的哲学视角、社交视角、认知视角等，批评语用学属于一个比较新颖的研究视角。目前，国内外学者已经指明了批评语用学的目标、对象、方法以及各种可以利用的理论工具，为今后的批评语用研究与实践指明了方向。从现有研究来看，批评语用学研究的理论工具来源和话语分析领域仍有较大的发展空间。例如，国外学者卡普也尝试将认知语用研究方法与批评话语研究分析方法进行嫁接与融合，进一步丰富了批评语用话语分析的理论探索。他在文中探讨了危机与威胁话语的认知语用模型，以及趋近化分析理论在批评话语研究中的运用，提出批评话语分析的研究领域正不断拓展，应当引入新的跨学科理论来不断丰富其研究方法和路径，从而更好地阐释越来越广泛的话语现象，比如卫生、环境及当代科技领域及其他领域的话语。

希望今后看到更多的研究者不断开拓批评语用研究的话语领域，不断采用新的理论工具来进一步丰富批评语用学的研究方法，更好地促进国家语言语用文明建设。

第三节　临床语用学

在过去的三四十年里，越来越多的学者关注临床语用学的发展，国际上出现了大量关于临床语用学的著作和论文，以语用学与医学交叉为主要特征的临床语用学成为国际语用学研究的热点和前沿学科，并引起了国内学者的关注。

国内部分学者曾对语用学领域的各类文献进行了详细梳理，发现临床语用学是国内尚未发掘的国际语用学热点领域，有着巨大的拓展空间。例如，向明友以 pragmatics 为关键词，对 SSCI 和 A＆HCI 的检索文献进行细致分析后发现，当今语用学研究交叉学科特征凸显，已从理论语言学和语言哲学延伸至语言障碍研究等多个学科领域。语用学在儿童失语症研究中的应用已经成为语用学研究的又一亮点。

肖雁也对 2006 年至 2015 年 Web of Science 核心合集中的语用学论文进行了梳理、归纳和总结，发现无论是发文量，还是发文的主要议题或主题词，都反映出语用学向临床（障碍）的拓展研究是国际研究的热点，并指出临床语用学、语用-病理学等学科交叉及界面研究发展迅猛，已成为语用学研究新的增长点。

袁周敏、徐燕燕则以 CSSCI 文献为研究语料，对 1998 年至 2016 年国内语用学研究的年度发文量、期刊及学科领域分布、高被引期刊、关键词共现网络、高被引文献等五个维度进行文献计量学分析，发现国内语用学研究临床语用学等前沿交叉研究领域缺乏相关文献，目前国内仅有三篇综述性文章及述评，这也从侧面表明国内语用学与国际接轨所面临的压力与挑战。

本节将在已有研究基础上，对临床语用学的基本概念和发展脉络、主要理论基础和研究路径等进行细致的梳理，并简要介绍临床语用学研究的新进展，以期为今后该领域的研究者提供借鉴。

一、临床语用学的基本知识

为了厘清临床语用学的发展脉络，必须回顾临床语用学的发展历程，对该学科的基本知识加以梳理。

（一）临床语言学与临床语用学

临床领域的语言研究由来已久，但以克里斯托尔（D. Crystal）出版《临床语言学》作为临床语言学学科开端，临床语用学研究也应运而生。库明斯（L. Cummings）指出，语言学的四个分支学科——音位学、句法学、语义学、语用学，能为描写和研究语言障碍提供支持，语言障碍研究成果也能对语言学理论的发展起到推动作用。

临床语言学可细分为临床语音学、临床语医学、临床句法学、临床语用学等多个分支。如果将临床语言学置于应用语言学之内的话，临床语用学亦在应用语言学的范畴之内。同时由于临床语用学着重关注的是语言使用中的交际和语用障碍，并常常以语用学及相关学科作为其重要的理论基础，因此临床语用学可视作语用学向临床学的延伸，具有学科交叉的特征。

克里斯托尔将临床语言学定义为"用语言学的理论和方法，对口语、书面语和手语的语言障碍的分析"，凸显了语言学理论和方法在语言障碍分析中的作用。库明斯则认为，临床语言学研究人类语言能力可能出现障碍的各种方式，这些障碍除"语言障碍"外，还包括在更为广泛的语言传送和接收过程中出现的各种障碍。显然，言语治疗师在临床上所遇到的与语言、交际相关的障碍都应包括在内，而临床语用学就是研究在特定交际目的下语言使用中所出现的各种障碍，既包括发展性语言障碍，也包括获得性语言障碍，以及导致这些语言使用障碍的常见原因，包括脑外伤、脑血管疾病及其他因素，一般出现在成长初期或者青春期甚至成人期。

（二）临床语用学的起源及发展

追根溯源，语用学的概念和观点被应用于语言障碍的研究已有约 40 年的历史，早期的研究几乎全部集中在语言障碍、自闭症和听力受损儿童的语用功能和缺陷的研究上，比如自闭症儿童的交际意图的研究，聋儿对隐喻理解的研究，语言障碍儿童对新旧信息的标记和修正行为的研究，对患有自闭症和智力障碍的成年人间接请求的理解的研究等。

临床语用学作为一个独立的研究领域，它的出现是以部分著作和学术期刊的陆续出版为标志的。这些书刊均以"临床语用学"为标题或主题，集中探讨了临床方面的语用问题，将临床语用学作为一个独立的学科推向前台。相关研究者出版的著作包括《临床语用学：揭示沟通失败的复杂性》《神经源性沟通障碍的语用研究》《言语与语言病理学的语用研究》《儿童的语用沟通困难研究》《语用损伤》《临床语用学》等。同时，国际期刊《大脑与语言》《临床语言学与语音学》和《言语与语言专题研究》分别于 1999 年、2005 年、2007 年推出针对该领域研究的专刊，这些著作及专刊的出现极大地推动了临床语用学的发展。

临床语用学这一新学科的兴起，源于言语治疗师发现在评估和治疗儿童、成人的语言障碍时需要用到语用学，如言语治疗师在对发展性语言障碍进行分类或对患者交际技能进行评估时，语用学能为其提供理论基础。再如，临床言语治疗师发现在临床实践中，在如何评估和治疗语言障碍方面人们存在很多错误的假设，基于这些错误的假设，以往临床语言治疗过程过分强调语言的结构，忽视了语言的交际意义，而实际上有些儿童的交际障碍跟他们的语言结构缺陷关联不大，一些结构性语言技能相对完整的儿童在语言使用上也会存在明显缺陷。为此，毕索普（D. Bishop）和罗森布姆（L. Rosenbloom）引入了一个新的术语，即语义-语用障碍来解释这种现象，这标志着语言病理研究转向语用学，语用学开始在临床诊断中得到应用。由于语用学的参与，言语治疗师在对患者进行评估时更多地考虑交际因素，并试图将语用学的理论和方法应用到发展性语言障碍和获得性语言障碍的评估和治疗方案的制订中，从而逐渐确立了语用学在临床实践中的地位。

早期的临床语用学研究主要关注儿童语言障碍，随后所研究的语用现象的数量和类型不断增长，几乎语言交际中每一个语用特征都可以作为研究观察的对象（如会话修补、请求及回应、衔接手段、推理能力等）。随着该领域研究的不断深入，成人语用障碍的研究也开始得到重视，并不断涌现出新的成果。例如，越来越多的文献报道了成年人左半脑损伤、右半脑损伤、精神分裂症、创伤性脑损伤和神经退行性疾病（主要是阿尔茨海默病）引发的语用障碍，进而延伸至从儿童到老年人语用障碍的评估、干预、矫正的各个环节。库明斯主编的《临床语用学研究》一书则标志着国际上临床语用学的研究已经走向成熟。该书从各类引发语用障碍的原因或疾病入手，分别从发展性语言障碍和获得性语言障碍两个方面对临床语用障碍进行了系统梳理和阐述，展现了该领域最新的研究成果。

（三）临床语用学的理论基础

临床语用学具有明显的交叉学科的特征，其研究视角兼具语用视角、认知视角和综合视角，然而临床语用学的语用学属性尤为突出，对于语用障碍的描写离不开对语用范畴的描写，其研究路径也与语用学密切相关。

临床语用学的研究离不开语用学基础，语用学理论或相关方法也越来越多地被应用到关于有语用障碍的儿童和成人的研究中。这些理论或方法不仅可以用来描述语用缺陷，还可以对语用障碍儿童和成人的缺陷加以阐释和验证。珀金斯（M. Perkins）强调了语用学及相关学科的理论基础对临床语用学的重要价值，并从言语行为理论、会话含义理论、关联理论、语篇分析、会话分析等五个方面进行了较为细致的梳理。

前期研究发现，与正常儿童相比，自闭症儿童在言语行为发展中会出现选择性延迟，自闭症儿童在表达社会功能的能力发展方面晚于其他能力的习得；失语症患者在某些情况下能够理解间接言语行为，却无法理解字面意义，而右脑受损的病人能够理解字面意义，却无法理解隐含意义；有研究者则根据言语行为的类型来判断儿童是否能做出与其年龄相符的言语行为。虽然言语行为理论在临床实验研究中得到了广泛应用，但其适用性也存在争论。例如，言语行为理论倾向于关注单个孤立的话语，而非整个语篇，即使脑损伤患者能够作出言语表达行为，但语篇缺乏连贯性，话题转换也往往缺少衔接。此外，语言障碍患者的互动中每句话都不止一个言外之意，根据言语行为理论的观点，不能很好地解释这一现象。

格赖斯的会话含义理论认为，说话人真实意图的表达远远超出说话人所言及听话人所听到的内容，对话语的阐释需要我们对说话人的意图进行必要的推理。所有会话参与者都应遵循合作原则，包括质量准则、数量准则、关联准则和方式准则四个准则，会话参与者所说的话语是善意的，而且是真实、相关、清晰而明确的，是在具体的语境中产生的。格赖斯的理论被广泛应用于研究沟通障碍人群，包括失语症和右半脑损伤的成年人、创伤性脑损伤、学习障碍、精神分裂症、自闭症儿童、特定型语言障碍等。

例如，对精神分裂症患者的研究表明，对会话合作原则各准则的应用受损与心智理论的受损密切相关。一个患有韦尼克失语症的人除被评估为听力理解缺陷、语言混乱之外，可能会被评估为在谈话中存在语用困难，他们会在无意中违反会话合作原则的各准则。在评估左右脑损伤的中风患者从语言和非语言材料中获得隐含意义的能力后发现，两个大脑半球都参与了隐含意义的处理。虽然从患者对会话合作原则的四个准则的违反情况能够对语用障碍的程度进行客观的评估，但从病人的角度来看，他们往往没有违反任何准则的意图。

关联理论目前在语言障碍的研究中得到越来越广泛的应用，研究对象包括阿斯伯格综合征、阿尔茨海默病、额叶缺陷、右脑损伤、精神分裂症、创伤性脑损伤、自闭症等人群的沟通，以及其他各种语用困难人群的沟通。

关联理论可以用于描述受损的个体进行互动时交际者的努力程度，并为这种描述提供了有力的手段。对阿尔茨海默病患者的会话交际的研究表明，很多患者的会话中能够反映出一种"互明"，即阿尔茨海默病患者能够意识到参与会话的社交义务，因而会经常使用交际寒暄性表达或礼貌标记语以维持社交互动。就关联理论的解释力而言，也有观点认为该理论主要从听话者的角度出发，对个体间的协同性和交互性没能提供充分解释，为此有些学者建议应将该理论纳入一个涵盖面更广的互动模型中去。

语篇分析以话语为研究对象，在语境中分析话语的意义，与语用学有诸多重叠之处。语篇的理解和产出，语篇的意义分析、功能分析以及连贯分析均与语用学密切相关。关联、预设、衔接、连贯等概念对分析语篇至关重要，同样从这些理论视角出发的研究也推动了临床语用学的发展。语篇分析涉及语言学诸多分支领域及哲学、社会学等诸多学科，具有明显的学科交叉特征。越来越多的临床研究者利用语篇分析来评估和测试患者的语言能力。例如，相比于其他类型的语篇，叙事语篇在临床语用研究中的应用最为广泛，这是因为叙事能力对日常交流有重要的作用，通过分析患者的叙事，可以为临床上测试患者语用能力提供重要指标。在临床上，可以通过这两种方式获得叙事话语，如让患者复述一个刚刚听到的故事，或者让患者根据图片或者无字的漫画来编一个故事。程序性话语的获得通常是让受试者描述他们完成某项任务（如去上学）所需的步骤，叙事和程序性任务可以用来研究颞叶癫痫患者的话语。

此外，语篇分析也用于研究失语、失忆症、自闭症、阿斯伯格综合征、右脑损伤、学习障碍、精神病等患者的语用障碍。例如，已有研究者发现，闭合性脑损伤患者与普通人相比，更少地使用衔接词；对失语症患者的叙事研究表明，失语症患者能够实现话语的连贯；衔接困难和连贯困难并不一定同步产生，对外伤性脑损伤患者话的语篇分析表明，其语篇话题转换虽然出现了不连贯特征，但其词汇衔接特征明显。当然，语篇分析的主要优势在于分析书面语篇，对于互动会话语篇的分析并非语篇分析的优势，如要对患者会话能力进行分析，则要借助会话分析的研究方法。

会话分析始于 20 世纪 60 年代，是由民族方法论发展而来一种社会学研究方法，因其能够最为细致、最为客观地观察和描写人际互动的规律性特征，所以被广泛地应用到从日常会话到机构会话的研究之中。互动谈话是语用学研究的重要对象，会话分析作为研究互动谈话的有力工具，在临床语用学领域得到了广泛应用。同语篇分析一样，虽然会话分析并非一种理论，但其创建的针对人际互动的概念体系和描写框架能够为临床语用学的研究提供基础。例如，采用会话分析的研究方法，可以观察语用障碍的患者能否遵守话轮转换规则，能否维持话题或转换话题，能否执行某种社会行为，是否具备会话修补的能力，从而对其语用能力及语用障碍进行评估。

通过会话分析可以发现，精神分裂患者、自闭症谱系患者和语用障碍儿童在交谈中往往会出现会话主题不相关的现象。自闭症儿童可能会不厌其烦地谈论某一个话题（比如向听话人谈论他的玩具），而无法根据当前的情境转换话题。脑损伤患者、阿尔茨海默病引起的痴呆患者在互动中会经常丧失会话的主动性，而常常出现沮丧情绪。这些问题都是临床语用学研究的重点问题。其中，会话分析在失语症患者交际分析中的应用最为广泛，自 20 世纪 90 年代起，会话分析开始关注失语症患者如何与周围的人进行沟通，关注话轮构建和话轮转换、会话修正、序列结构以及失语症的干预研究等诸多方面，观察失语症患者在日常互动中的会话表现，相比于在语言测试中的会话表现，能更真实地反映失语症患者的语言运用能力。相比于以往的语言学研究，会话分析关注的是失语症患者在自身语言能力不足的情况下，采用何种方式和策略同周围的人进行互动和沟通。当然，会话分析的优势在于对自然会话的细致归纳、观察和研究，却无意对会话中的规律进行阐释，因此也就无法揭示语用障碍患者在互动交谈中的认知心理机制。

（四）临床语用学的研究路径

如前文所述，临床语用学是对语用障碍的研究。就其学科属性而言，临床语用学是语用学的一个分支学科，是语用学向临床医疗领域的延伸。同时，临床语言学又以解决语用障碍为主要目标，由此也带有明显的临床属性。因此，临床语用学的研究有两个主要路径：语用学路径和临床路径。

1.语用学路径

临床语用学发展的一个重要特征很大程度上是将传统语用学的研究对象移植到对语用障碍的研究上来。因而，语用学的研究对象如指示或指代、预设、语境、言语行为、会话含义、非字面性语言或修辞性语言、礼貌、会话等都成了临床语用学的主要考察对象，并取得了大量的研究成果。珀金斯、库明斯等人的临床语用学经典著作，均重点介绍了这些主要的语用范畴，并将其作为重要的研究基础。该路径的优势在于从语言使用的特征出发，采用语用分析、语篇分析和会话分析等研究方法，考察语用障碍的主要表现方式，成熟的传统语用学理论和方法有助于语用障碍的系统性描写和规律总结，进而能为临床评估和诊断提供理论支撑。例如，语用障碍的很多评估量表也是基于某些重要的语用范畴作为重要指标，进而为语用障碍的评估和诊断寻找语言标记物。例如，姚远等利用会话分析研究方法对癫痫发作和心因性非癫痫发作的鉴别诊断进行研究，从语言分析的角度出发，分析临床病症的语言互动特征，最终为临床诊断提供了具备启示意义的研究成果。珀金斯主要从语用学的角度出发设计了临床语用学的框架，体现了语用学在临床实践中所起到的基础作用。

2.临床路径

临床语用学毕竟是以解决临床问题作为重要出发点的，因此临床语用学的研究不能离开这个"本"，需要从临床问题出发，再回到临床实践。随着临床语用学不断发展，语用障碍的语言学描写越来越细致，更需要将这些语言学特征与临床症状结合起来，为语用障碍的评估、分类及鉴别诊断提供依据。因而，临床语用学的第二个路径是从临床实际问题即语用障碍本身出发，以解决临床实际问题为导向，而对语用障碍的语用学分析则作为这一路径中的主要内容贯穿始终，相关的研究方法包括实验法、临床研究方法。

从临床路径出发，总体来说，可以从发展性语用障碍、获得性语用障碍、其他语用障碍等三个方面具体展开。发展性语用障碍涉及语言发育迟缓、自闭症、情绪和行为障碍等语用障碍，获得性语用障碍涉及左脑损伤、右脑损伤、外伤性脑损伤、精神分裂症、神经退行性疾病等，其他语用障碍涉及听力损伤和人工耳蜗植入、先天视觉障碍、口吃和言语错乱等，研究贯穿从评估到干预和治疗等多个环节。库明斯主要从临床路径出发设计临床语用学的框架，体现了语用学服务临床实践的导向。

二、临床语用学研究的新进展

临床语言学诞生至今已经涌现出大量的围绕各种语用障碍所开展的实证研究，在发展性语用障碍、获得性语用障碍、其他类型语用障碍等方面均获得了长足发展，尤其是儿童自闭症、老年痴呆、精神障碍等人群的临床语用研究成为热点。除此之外，库明斯介绍了该领域研究最新的三个前沿方向：神经方面语用障碍的研究、认知方面语用障碍的研究以及心理社交方面语用障碍的研究。

（一）神经方面语用障碍的研究

除了部分精神疾病等引起的语用障碍，大多数语用障碍都与人的大脑神经有关，然而前期相关研究对语用障碍的神经机制不够重视，无法完整、清晰地描述语用行为。语用行为是一个认知和非认知过程交互的结果，缺乏神经方面的研究，将无法揭示或清晰地描述语用行为背后的认知过程。例如，对于很多儿童和成人来说，大脑病变和损伤可能导致先前正常的语用技能受损。再如，患脑血管疾病、脑外伤、脑瘤的人群及阿尔茨海默病患者，多是因其神经系统的局部病变导致语用行为异常。因此，语用障碍大都有明确的神经病因——大脑的局部病变或更广泛的大脑退化，它们是导致个体在语用方面出现问题的主要原因。为此，功能性磁共振成像等脑成像技术也开始用于正常和有语用障碍人群的诊断中，用来检验诸如讽刺等语用现象的神经基础。进一步加强语用障碍神经基础和神经网络的研究，这也是今后该领域研究的重要方向。

（二）认知方面语用障碍的研究

语言是认知的一部分，对语用障碍的阐释离不开对语用行为的认知过程的研究。语用障碍的认知基础研究也是近期的一个热点问题。库明斯认为，语用学研究正在经历一个认知转向过程，对语用概念的认知考察与对其进行社会的、哲学的和语言学的考察同等重要，抛开对认知因素的考察，则无法对语用障碍患者进行有效评估和干预。因此，对语用障碍的认知研究可以从心智理论和执行功能两个方面着手，而关联理论、认知语用学理论和模块语用学理论则为语用障碍的认知基础的考察提供了理论基础。要想在此基础上进一步深化，未来仍需要大量研究工作。

（三）心理社交方面语用障碍的研究

语用障碍的评估、干预和治疗需要考虑患者的心理和社会因素。人的成长和生存离不开社会交往，如何帮助语用障碍人群克服心理焦虑和社交障碍（即社交失能），往往是语用障碍的干预治疗中首先要考虑的问题。语用障碍常常伴随着一系列的心理和社会方面的困难，比如语用障碍人群面临着心理焦虑等心理问题，语用障碍儿童如何跟同伴和他人相处、如何适应学校环境将决定他能否拥有一个美好的童年，获得性语用障碍的成年人则面临着如何与他人建立关系和维系社会关系的困难（包括如何建立和保持友情，如何维系家庭关系、工作关系，如何融入社会等）。

如何充分揭示语用障碍中的心理和社交因素，并将其纳入语用障碍的评估、干预和治疗的方案中去，将是未来的一个重要研究方向。近年来，语用学的交叉研究属性愈加明显，作为一门兼具理论性和应用性的新兴交叉学科，临床语用学的研究需要语用学、临床医学、认知心理学、言语病理学等多学科的参与，需要理论研究和应用研究并重，需要沿着语用学研究和临床研究两条道路，对临床语用学所涉及的实际问题进行深入研究。开展该领域的研究，研究者不但要具备扎实的语用学基础，还要对神经、认知、心理、生理、临床等相关知识有所涉猎，同时要求语用学研究者以社会重大需求为导向，具备问题意识，并善于在实践中发现问题，通过主动与临床医学等其他相关学科积极协作，合作攻关，积极开展相关研究，共同推动中国临床语用学的发展。

第四节　历史语用学

历史语用学作为一门独立的分支学科始于 20 世纪 90 年代中期。1995 年，首部历史语用学论文集《历史语用学》出版，标志着历史语用学研究的开始。2000 年，《国际历史语用学学刊》发行，历史语用学作为一门独立的学科，在语用学领域占有一席之地。此后，历史语用学相关专著、论文集相继出现，如 2007 年菲茨莫里斯（S. M. Fitzmaurice）和塔维特赛伦（I. Taavitsainen）的《历史语用学研究方法论》，2010 年尤克尔（A. Jucker）和塔维特赛伦的《历史语用学手册》，2011 年卡尔佩珀的《历史社交语用学》以及 2014 年塔维特赛伦等学者的《历时语料库语用学》等。其中，卡尔佩珀的《历史社交语用学》从跨学科的角度，将历史语用学研究同语言研究的社会维度相结合，体现了历史语用学领域在研究议题方面的新进展；塔维特赛伦等学者的《历时语料库语用学》融合语用学研究内容与语料库语言学以及历时研究方法，明确将历时语料库语用学作为历史语用学研究的特殊分支，体现了历史语用学领域在方法论上的新进展。历史语用学领域的新发展也见诸近几年的《国际历史语用学期刊》。

　　本节首先简要介绍历史语用学研究内容及主要分支，历史语用学研究语料及方法等，随后使用语料库方法对《国际历史语用学期刊》20 年来论文摘要进行词频分析，基于此梳理该领域的主要研究议题，最后结合国内历史语用学研究现状提出后期研究建议，为国内从事历史语用学相关研究的学者提供参考。

一、历史语用学的研究内容及主要分支

（一）历史语用学的研究内容

语用学研究有微观和宏观之分，传统的英美学派研究往往采取微观视角，认为语用学是语言学的学科分支之一，研究指示语、预设、会话含义、言语行为、会话结构等内容，称为微观语用学。后期发展起来的欧洲大陆学派的研究则更偏向宏观研究视角，关注语言使用的社会、文化、认知等所有与语言理解和使用相关的内容，将语用学视为语言功能的一种综观，称为宏观语用学。作为语用学的主要研究领域，历史语用学领域的研究亦有英美学派和欧洲大陆学派之分，表现为关注不同的研究内容。

英美学派的历史语用学研究大都致力于探讨语言元素的语法化过程、发展路径以及语言发展过程中会话准则的功能。例如，特劳戈特（E. C. Traugott）作为典型的英美学派学者，认为语用学研究的主要内容就是"语言使用过程中的非字面意义"，因此历史语用学研究就是基于用法研究语言变化的一种路径。另外，采取宏观视角的欧洲大陆学者往往采取具有社会学倾向的研究路径，调查早期社会条件下的人类交际互动模式，这在一定程度上与社会语言学的研究重合。此外，研究者也关注交际互动模式的发展历程及管约原则。

（二）历史语用学的主要分支

从历史语用学概念提出至今，相关研究分支也在发生变化。1995 年，在以《历史语用学》为题的论文集中，雅各布斯（A. Jacobs）和尤克尔首先划分了历史语用学的两大研究分支，即语用语文学和历时语用学；2009 年，阿克尔（D. Archer）和卡尔佩珀在此基础上增加了第三个研究分支——社交语文学。这些研究分支具体内容如下。

1.语用语文学

语用语文学是对特定社会文化背景下的历史文本语用层面进行共时性描述和研究的历史语用学分支，不仅描述言语形式和功能，还聚焦交际参与者及其社交和人际关系、文本产出和理解的物理及社交语境，以及文本的交际目的等语境内容。在具体研究中，既可以把言语形式当作研究的出发点，探讨特定历史时期该言语形式的交际功能，也可以把交际功能当作研究的出发点，考察特定历史时期该交际功能所使用的言语形式。相关研究包括对中世纪文本的新解读、对乔叟作品及莎士比亚剧作会话的分析以及对历史证据的交际性阐释等。语用语文学研究视历史文本（文学文本或非文学文本）本身为一种独特的交际事件。

2.历时语用学

历时语用学是研究语用现象发展嬗变的宏观路径，关注同一语言在不同历史阶段的语言结构及交际功能的相互作用。该分支可以进一步细分为形式到功能的映射和功能到形式的映射。前者研究特定言语形式的交际功能，如语用标记语、增强语、感叹词等功能在不同历史时期的变化情况；后者研究特定交际功能的语言实现方式，如言语行为、礼貌等的语言实现方式在不同历史时期的变化情况。

3.社交语文学

社交语文学是以语境分析为出发点研究言语形式和功能的宏观路径，聚焦历时文本、语类、社交情境、文化等语境如何影响或塑造特定历史阶段的言语形式和功能。社交语文学研究与语用语文学和历时语用学研究的区别在于：首先，社交语文学研究既可以采取共时性视角也可以采取历时性视角；再者，社交语文学研究有着跟社交语用学研究一样的研究兴趣，即关注"语言使用的局部语境"，但两者的不同之处在于，社交语文学更倾向采取来自批评话语分析或社会学研究领域的理论进行语境阐释。

二、历史语用学的研究语料及方法

（一）历史语用学的研究语料

语用学研究往往以自然发生的口头会话作为研究对象，然而历史语用学研究者却无法现场接触和观察古人的交际模式，自然无法获得不同历史时期自然发生的口头会话语料，从而导致所谓的"糟糕语料"问题。针对语料问题，历史语用学研究者提出了各种应对策略，主要有以下三种。

1.使用尽可能接近真实口语的书面语料

书面的历史文本中通常也包含对口头交际的描述。里赛伦（M. Rissanen）认为一些历史书面语篇中的口语特征甚至比当时口头交际中的特征更为常见。历史语用学研究者关注的"与口头语言最接近的历史文本"包括历史庭审诉讼、剧本、私人书信等。例如，在赫尔辛基语料库中，剧本等是主要的语料来源。马兹宗（G. Mazzon）在对莎士比亚戏剧作品中的称呼语进行研究时也指出，剧本比其他类型的文学作品能更忠实地模仿口语互动。卡尔佩珀等人整理和汇编的《英语对话语料库》，涵盖从 1600 年到 1720 年以来四类与口语密切相关的历史语篇——剧本、小说、审判记录和证人证言。此外，私人书信中接近真实的交际和对话也引起了历史语用学者的关注。

2.聚焦书面语篇自身的交际特征

尽管历史新闻语篇与语用学者视角下的口语语料相去甚远，但仍然受到学界的广泛关注。早期的英语宣传小册子也被作为大众媒体形式进行研究。这些宣传小册子常被用于回应争议性话题，往往以"对……的答复""对……的回应"等作为标题，因此也同样具有对话性质，成为历史语用学研究的语料来源。瑟尔（R. Sell）倡导文学语用研究，认为文学作品的创作和阅读也是涉及语言使用的交际过程，应关注文本作者与读者之间的互动。

3.将交际模型作为研究书面语料的理据

历史语用学研究者将考齐（P. Koch）和欧斯特雷切（W. Oesterreicher）的交际模型作为历史语用学研究书面语料的理据。考齐和欧斯特雷切模型摒弃了传统的口语/书面语二分法，基于媒介实现方式和交际距离重新看待不同类型的语言。根据该模型，以文字形式记录的书信、法庭记录、剧本对话等虽然并非传统意义上的自然发生的口语语料，但却具有典型的即时交际特征，因此同样可以从历史语用学的角度进行研究。

（二）历史语用学的研究方法

在研究方法方面，历史语用学研究离不开基于语篇分析的定性研究方法和基于语料库的定量研究方法。基于语篇分析的定性研究方法多用于"单一文本的语用语文学研究"以及社交语文学研究，对文学文本中特定言语形式、功能及语境因素进行定性描述和阐释。瑟尔对历史语篇的文学语用研究多采取此类定性研究方法。此外，钟茜韵和陈新仁发现，一些研究者也常采用语篇分析方法，对小规模历史文本进行共时或历时性的比较研究。语料库研究方法多用于考察不同时期言语形式和功能的变化。研究者往往使用现成的语料库，聚焦话语标记语等特定言语形式进行检索，并结合语篇分析，对与特定形式对应的功能进行分析和统计，该方法适用于对大规模语料的定量研究。

在雅各布斯和尤克尔的论文集中，研究者已经尝试使用赫尔辛基英语语篇语料库进行历史语用学研究。除赫尔辛基语料库外，目前被广泛用于历史语用学研究的语料库还有多体裁历史语料库、早期英语书信语料库、早期医学英语语料库以及英语对话等。近年来，随着语料库语言学研究的发展，历时语用研究与语料库方法结合的趋势越发明显，甚至形成了历时语料库语用学这一特殊分支，体现了该领域研究在方法论上的最新进展。

三、国际历史语用学研究议题

笔者对 2000 年至 2019 年《国际历史语用学学刊》刊发的所有论文标题和摘要进行整理，建成 37 130 字的历史语用学文献语料库，运用语料库方法进行主题词检索，形成 20 年来国际历史语用学研究的主题词云图，如图 3-1 所示。

图 3-1　20 年来国际历史语用学研究的主题词云图

由图 3-1 可知，国际学者在进行历史语用学研究时，考察的语料主要来自英语，也有部分聚焦日语、德语语料，所考察的历史时期包括早期、现代以及中世纪等，所研究的语料包括书信、仪式、报纸及审判词等，所涉及的话题包括礼貌、标记语、小品词、言语、行为、称呼语、社交、关系、语法化等。这些研究话题大致可以归纳为四类议题。

（一）聚焦言语形式

该类议题主要是挖掘特定言语形式在不同历史阶段的话语功能、历时变迁及其动因。这类研究包括话语标记语、语用小品词、语法化等话题，研究者关注特定的话语标记语或语用小品词等在不同历史阶段的功能、发展变化，并分析其演变中的语法化、语用化或是主观化机制。例如，希文特（S. Schwenter）和特劳戈特对语用标记语 in fact 的演变路径进行了研究，布林顿（L. Brinton）对由 look 构成的人际语用标记语（如 look here，look you，look me，look it 等）历时变化路径的研究，戴威德斯（K. Davidse）等研究者试图重构情态和话语标记 no doubt 的演变路径，并对其语法化和词汇化发展动因进行分析，里赛伦对古英语和现代英语中具有近似意义的时间关系连接词 ere 和 before 的历时变化进行了考察，并阐释影响其使用的历史社交语境因素。

除英语话语标记语和小品词外，研究者还对日语、韩语、汉语、法语、德语、希腊语、意大利语等其他语言话语标记语的历史使用和历时变化进行了研究。例如，扎克斯基（S. Zakowski）对希腊语中的一些语用标记语的结构、句式特征及其在交际中的语用功能进行了研究，并且关注这些话语标记语使用的历时变化。有韩国学者对韩语中表示"顺便说一下"的话语标记语进行了历时和共时视角下的研究。研究发现，该话语标记语尽管源于 15 世纪的朝鲜文本，但作为话语标记语仅出现在 20 世纪以后的文本中。通过共时性分析，研究者还发现了该话语标记语在话语功能和韵律上的独特性。

（二）聚焦言语功能

该类议题主要是挖掘特定功能在不同历史阶段的话语实现、历时变迁等。这类研究涉及言语行为、（不）礼貌等话题，研究者关注或诅咒、发誓、侮辱、祈祷等言语行为，以及（不）礼貌等在特定历史时期的语言实现方式或是在不同历史阶段的发展变化情况。言语行为研究在早期的历史语用学文献中十分常见。阿诺维克（L. Arnovick）等人率先基于语言实例调查英语中的许诺、诅咒、告别等言语行为的历时变化，最早一期的《国际历史语用学学刊》中也刊发了三篇与言语行为相关的论文，包括卡尔佩珀和瑟米诺（E. Semino）对早期现代英语女巫诅咒言语行为中所使用的动词意义及其历时变化的研究；尤克尔和塔维特赛伦对来自英语古诗、乔叟和莎士比亚作品以及个人书信、法庭记录等历史语料中的侮辱行为及其历时变化的考察；帕皮（M. Papi）对历时研究行为理论可行性的探讨等。

通过以上分析可以发现，早期言语行为研究主要聚焦英语历史语篇，近期对其他语言中特有言语行为的历史语用学研究有所增加。例如，沈星辰和陈新仁聚焦古代汉语语言中特有的"谏"行为，以《资治通鉴》语篇为例，考察该言语行为策略以及言后效果。除言语行为外，礼貌研究也是这类研究的重要话题。早期研究者在布朗和列文森的面子理论以及利奇的礼貌原则框架下，关注在不同历史时期与礼貌直接相关的称呼语的使用及变化情况，以及其他语用、语义变化情况等。另外，也有研究者使用早期现代英语文本，分析不礼貌的句法/语义框架，或使用女巫庭审记录考察言语互动中的自我面子和自我身份等。

（三）聚焦历史语篇本身

该类议题聚焦历史语篇本身，关注其语言、体裁等层面的修辞、结构特征。此类研究属于历史语文学研究的内容，《国际历史语用学学刊》中相关论文也不在少数。与前两类研究不同，此类研究者不聚焦历史文本中的特定语言形式或功能的描述，而是聚焦历史语篇本身，关注特定体裁历史语篇的语言、结构和修辞特征。例如，霍勒格尔（T. Honegger）比较了中世纪和早期现代英语语篇中求爱互动的开场白语篇结构和修辞，克里克-卡斯托夫斯基（B. Kryk-Kastovsky）分析了早期现代英语庭审记录中的口语化特征，塔维特赛伦描述了中世纪英语药疗食谱的体裁、语篇类型以及语篇规约。还有一些研究者聚焦中世纪女巫庭审档案、不同时期的报纸新闻语篇、医药类语篇、宣传小册子，以及文学作品的体裁特征、话语修辞和风格研究。

（四）聚焦宏观社会学议题

该类议题关注历史语篇中的面子、形象、身份、角色以及社交和人际关系建构及其历时变迁。此类研究往往以基于理论阐释和文本分析的定性方法为主，在礼貌、面子、身份建构、关系管理及批评话语分析等理论框架之上，采用话语建构视角，对上述人际和社交层面内容的话语建构进行具体分析。研究主要集中在近几年《国际历史语用学学刊》的几期专刊论文中，包括 2009 年的专刊《历史社交语用学研究》、2017 年的专刊《历史（社交）语用学新发展》，以及 2019 年的《历史（不）礼貌研究》。例如，菲茨莫里斯研究了 18 世纪求爱信中交际参与者社交语用角色的建构问题，有学者考察了早期现代英语语料库中交际者如何使用第三人称指示语进行身份和人际关系建构的问题。还有研究者对历史社交语境进行重构，如伍德（J. Wood）采用费尔克劳（N. Fairclough）提出的文本实践、话语实践和社会实践三维分析框架，解析了 15 世纪英语贵族书信交互的语境，多提（K. Doy）分析了女巫审判档案中的交际语境。

四、国内历史语用学研究现状及建议

在中国知网上，以"历史语用学"为关键词进行检索，去除不相关的文献以及书评类文献，仅有八篇相关论文。其中三篇是关于国外历史语用学研究内容和方法介绍以及综述性论文，其余五篇为研究性论文。最早一篇是 2010 年陈诗谣关于汉语中"博士"一词历时变迁的分析，作者从历史语用学角度，考察"博士"一词从古至今在词义、用法上的演变及其动因和机制。此外，还有研究者对英语条件分词、连词、英语情态动词、汉语拟声词等具体言语形式的演变情况进行了历史语用学研究，刘承宇和胡曼妮以 providing（that）和 provided（that）为例，从形式、句法到语义、语用层面的嬗变过程，揭示此类实词到功能词转化的语法化演变路径、机制和动因。这些研究都采取了历时语用学形式和功能映射路径，以语言形式为研究出发点，阐释特定形式在不同时期的具体使用情况及功能，并揭示变化动因。张欢雨则采取语用语文学研究路径，考察了莎士比亚剧作中主仆关系建立的面子策略。

总体而言，国内学界关于历史语用学的研究起步晚、数量少，研究内容多聚焦英语语言形式的演变过程及机制，对汉语语言的关注不足，研究方法以基于语篇分析的定性方法为主，研究方法相对单一。鉴于此，后期的研究可以在增加研究数量、扩充语言种类、丰富研究内容、融合语料库方法等方面进一步开展历史语用学研究。毕竟，汉语语言有悠久的历史文化背景、浩如烟海的历史文献资料，为中国学者进行历史语用学研究提供了有利条件。国内学者应充分利用这些有利条件，为推动国内历史语用学的发展作出应有的贡献。

第四章　话语意义和创意表达

语言的使用与语境息息相关，同样的语言在不同的语境下可能表达不同的意思。若不明白这一点就容易出错甚至闹笑话。且看下面的例子。

几位中国同学邀请刚来中国学汉语的外国学生吃饭。饭吃到一半，一名中国同学说"出去方便一下"。外国学生不懂其意，大家告知这是去上厕所。这名学生记住了。有一天，一名女生希望在外国学生方便的时候去拜访他，这位外国学生立即摆手，并说"你什么时候都可以来，但就是我方便的时候不能来"。

这位外国学生显然没有弄清楚在不同的语境下"方便"具有不同的意思。语境对于话语理解的重要性已经得到学界的认可，如日本汉学家西槙光正所言，社会语言学、心理语言学、功能语言学、语用学、语义学、交际语言学、话语语言学、模糊语言学乃至电子计算机语言学等，都强调语境在该门研究中的重要性。语境这一概念对于语用学来说更是核心概念，甚至"语用学通常被看作语境学"。

第一节　语境

一、语境研究的由来

最早把语境看作语言学概念的是德国语言学家威格纳（P. Wegner）。早在 1885 年，他就提出语言的意义只有根据语境才能确定，并认为语境因素大致包括说话时的客观情境，受话人能够直接联想到的话语相关因素，还有人的心态，特别是交际双方对各自身份的认知。但真正在学界引起热烈反响的当属人类学家马林诺夫斯基（B. K. Malinowski）所做的研究。他于 1923 年提出了"情境语境"概念，即与语言交际活动直接相关的客观环境，又于 1935 年提出"文化语境"的概念，即语言交际活动参与者所处的整个文化背景，将语境研究推向了新的高度。

（一）功能语言学下的语境观

马林诺夫斯基的语境思想得到功能语言学相关学者的关注，主要人物有弗斯和韩礼德。弗斯对"情境语境"进行了语言学改造，将情境语境因素归纳为三种：参与者的有关特征，包括言语活动和非言语活动；相关事物；言语活动产生的影响。作为弗斯的学生，韩礼德进一步发展了弗斯的情境语境理论，他注意到语言的三大功能即概念功能、人际功能及语篇功能的实现会分别受到话语范围（即语言发生的具体环境）、话语基调（即参与者之间的角色关系）、话语方式（即语言本身所发挥的作用以及语言交际所采用的渠道或媒介）等情境语境因素的制约。

（二）语义学下的语境观

语义学家之间存在两种极端看法：卡茨（J. J. Katz）和福多等学者认为语义学不应考虑语境中的句子义；而弗斯却认为语境是他分析语言意义的"技术手段"，并把他的整个语义学理论都建立在语境这一概念的基础上，认为语境中又有语境，每个语境都有不同的功能，整个语境网络就构成了文化语境。由于语义学探讨的是相对静态的意义，主要是对词以及句子成分进行（逻辑）分析，研究词或句子（间）的意义，对语境的研究也通常是对影响语义的一些变量进行静态或宏观分析。例如，莱昂斯（J. Lyons）用很大的篇幅介绍了他的语境观，认为在具体情形下从语言系统中选取具体的音韵、语法以及词汇选项应具备六种知识或能力：

①每个参与者必须知道自己在整个语言活动中所起的作用和所处的地位；

②每个参与者必须知道语言活动的时间和空间；

③每个参与者必须能够辨别语言活动情境的正式程度；

④每个参与者必须知道对于这一情境来说，什么是合适的交际媒介；

⑤每个参与者必须知道如何使自己的话语与语言活动的主题相符合，以及主题对方言或语言（在多语社团中）的重要性；

⑥每个参与者必须知道如何使自己的话语与语言活动的情境所属的领域和范围相符合。

英国语言学家利奇在其著作《语义学》一书中表示，在基于分析法的语义研究中，语境意义应被看作而且只能被看作使用者所掌握的各种潜在的意义的可能范围及程度。他以"put...on"为例进行了说明，假设"put...on"用于以下三种语境中：①put X on（把 X 的开关打开），②put X on oneself（把 X 穿在自己身上），③put X on（something else）（把 X 放在……上）。如果 X 是电热毯、收音机或者木头，将这三个变量分别带入语境①、②、③中，它们在"put...on"这一结构的各种语境中的适用性是不一样的。

（三）社会语言学下的语境观

这方面的语境研究主要以海姆斯（D. H. Hymes）为代表，他把语境变量归纳为场合、参与者、目的、行为序列、基调、交际工具、交流和理解的规范以及话语类型或体裁等八类。

总之，社会语言学将语境看作相对静态的场景、上下文、参与者的知识成分等因素的汇合或相对宏观的文化背景，从而研究特定语境中的词汇或句子的特定含义。

二、语用学下的语境观

如今，语境这一概念已经与语用学联系起来了。众多哲学家都认为语境是一个与语用学而不是语义学紧密相连的概念。由于早期的语用学在某种程度上可以说是哲学的副产品，因此语用学中关于语境的研究一开始就与哲学有着紧密的联系。例如，日常语言学派哲学家维特根斯坦通过观察孩子的游戏，发现角色是在游戏中动态地体现出来的，从而推断语言的意义也是在特定语境中体现出来的。例如，当我们问"5"这个数字是什么意思时，我们实际上是在关注它是如何使用的。奥斯汀指出说话的场合很重要，所使用的词的意义在某种程度上要结合原本设定好的或实际上已在语言交际中体现出的语境才能得到解释。格赖斯等也都论及语言意义在具体情形（也就是语境）下的使用问题，在此不详细讨论。下面主要论述语用学家是如何论述语境的。

列文森在语用学奠基之作《语用学》一书的前言里就明确指出，该书中的语境概念只包括一些基本参数，如参与者的身份、角色、居住地、对参与者拥有的知识或理应知道的内容的假设以及会话产生的地点等，并声明有些语境因素，如社会交往原则以及许多具有文化差异性的原则等是被排除在外的，这是为了遵循哲学语言学的传统。

黄衍总结了一个不囿于一家之言的关于语境的一般性定义：语境就是系统地使用一个语言单位的动态环境里的任何相关的东西。它包含不同的来源，如物理的、语言的、社会的以及共有知识的。当然，这并不意味着各语用学家对语境的本质有了一致的认识，语境的复杂本质以及语境自身具有的语境敏感性，使得给出一个学界共同认可的定义或理论视角都是不可能的，通常都只能描述或捕捉语境的某一个小的方面。

无论语义学家还是语用学家都认识到语境的宏观与微观维度，而在另一个维度即静态与动态方面，语义学家主要关注的是语境的静态性，而语用学家则强调语境的动态性、开放性和建构性。

斯波伯和威尔逊认为，语境的构成在整个话语进行过程中都是开放的，并不断进行着选择和修正。语境不是事先设定好的，而是在话语中不断形成和变化的。根据关联理论，建构语境是以寻求最佳关联为指针的，当说话人说出话语后，听话人会将该话语所表达的假设以及话语本身当作一种给定的直接语境，这一语境是一种初始语境，如果在这一语境中不能找到最佳关联，听话人需要不断地扩充语境，直至获得最佳关联。

语境可以通过三种方式不断扩展，一是调取已有的或推导出的假定加入语境，二是加入关于已经进入语境中的概念和假定的百科知识，三是关注周围环境的信息，能够产生关联的信息都可以进入语境。维索尔伦作为欧陆学派的代表之一，特别强调语境的动态性。他指出语境是个动态的而不是静态的概念，因为环境是持续变化的，所以参与者能够在交际过程中互动，语言表达能够变得可理解。维索尔伦用图表现了语境的动态建构，如图4-1所示。

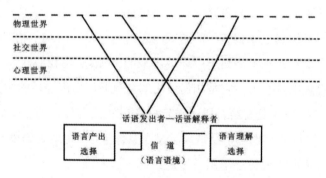

图 4-1　语境的动态建构

他指出，图中的三个世界不是截然分开的（因此用虚线表示），话语发出者和话语解释者也不是对立的，在实际的场景中常常互换位置。物理世界、社交世界和心理世界对说话人和听话人的话语产生与话语理解都会产生影响。说话人和听话人的视线（各由两条斜线构成）在物理世界、社交世界和心理世界的交会处便是影响当前交际的语境因素，而这些因素会随着二者视线的变化而发生变化，各种世界中的因素若并未渗透到交际过程中，也就不算是语境因素，因此语境是交际双方动态选择的结果。例如，一只蚂蚁从说话人的脚边爬过去，其基本上不参与话语建构，也就算不上是语境因素，除非它以某种方式介入双方的交谈，便可成为语境的一部分。

三、语境的制约功能

语境对话语有制约作用。制约作用是指在特定的语境下应该说什么样的话，如早上问候别人通常说"早上好"，如果说成"晚上好"就不合语境了。再如下列对话：

> 甲：坐过来一点，上次给你补药你不是要赶回家吗？补了几天药啊？到这边来一点。上一次给你调整药啊，你回家用了多长时间？
> 乙：没几天吧。四五天。
> 甲：四五天，那晚上睡觉怎么样？
> 乙：然后睡觉就觉得……白天醒的时候，就白天又想睡……

若设想这一对话最可能发生的场合，我们可能首先就想到是发生在医患之间的对话。这说明语境与会话内容有对应关系，在不同的语境下会话的内容和方式也不同。下面，具体介绍语境的几种主要功能。

（一）语境对词义的选择功能

1.确定指示对象

一句话无论语法多么正确、字面意义多么清晰，离开语境的"显影"作用，很多内容可能让人无法理解。例如，列文森所举的一个广为人知的例子，假设在海上捡到一个瓶子，里面有一张纸条，上面写着一句话："一周后带这么大一根棍子到这里来见我。"

由于没有语境，读者会感到很困惑。"一周后"是什么时候？是从写这句话的时候算起还是看到这句话的时间算起？"这么大"是多大？"这里"是哪里？是指写这句话的人所处的地点还是看到这句话的人所处的地点？"我"是谁？在这短短的一句话里，就涉及时间指示、地点指示和人称指示。但是假如这是一位老师在某一特定的时间和地点对一位总是无法按时完成作业的学生说的话，那么这位学生一定能够知道下次再见老师的时间和地点以及要带什么物品。

2.扩大词义

词汇的词典意义是稳定的，但是一旦进入不同的语境，词义就可能发生变化，通常不外乎词义的扩大与缩小。下面的例句就清晰地呈现了词义的持续扩大过程。

> 这块熨衣板是平的。
>
> 我家的花园是平的。
>
> 我家周围是平的。
>
> 我们国家是平的。
>
> 大地是平的。

最接近"平"的词典义的应当是第一句中的"平"的含义，通常指光滑的表面，第二句指粗糙的平整，第三句泛化到地形的平坦，再到第五句的平坦含义已经与第一句大不相同了。

3.缩小词义

词义的缩小是指在具体的语境中词汇表达的意义比编码义更具体的情形。例如：

> 有空咱们喝几杯？

表示把流质的东西咽下去这一动作原则上都可以用"喝"。但本例中的喝实际上只指其中的一种，就是喝酒的意思。可见词义在语境中具体化了。再如：

> 抽屉里有钱。
>
> 他有钱。

比较上面两句中的"有钱"，前者是一般用法，抽屉里有一分钱也是有钱，但在第二句中，词义明显缩小了，这里的有钱单指有很多钱。

（二）语境对句义的选择功能

1.消除歧义

歧义句是非常普遍的语言现象，脱离语境，通过语义分析，只能确定歧义句到底表达了几层含义，却无法消除歧义。如下例：

她是去年生的小孩。

这里的"她"可能是一位母亲，也可能是个婴儿。在具体的语境中，歧义的消除是很容易的。由于语言的线性特征（即人在处理语言时的线性模式），在交际中，言语的歧义必须能在某种层面上得以消除，否则就会引起困惑。放到特殊的语境中，歧义句还可以表现出不凡的语用效果，尤其是在广告语中。如下例：

实不相瞒，天仙的名气是吹出来的。
——天仙牌电风扇广告

这里的"吹"似乎有三层含义，一是字面义"吹风"；二是"吹牛"；三是对于广告，受众可能是根据"吹牛"的说法把做广告的行为也叫作"吹广告"。从语言交际上看，这条广告的效果是不错的，主要原因在于，在电风扇广告这一具体语境下，"吹"的三层意思都能较为自然地表达出来，无牵强附会的感觉。

2.支持含义推导

说话人经常在交际中使用某些暗示性话语，要理解其中的含义更需要结合语境信息进行推导。例如，某电影中有这样一组对话：

一次同学聚会后，甲的好朋友乙发现甲在聚会上与他们的大学同学丙颇为
暧昧。
乙：我发现丙还是那么帅气呢。
甲：是啊，我跟他今天挺聊得来的。
乙：听说他有家庭了？
甲：我要是看上谁，是不在乎他手指上是否有戒指的，有小朋友的更好。

不难看出，甲和乙的每句话都有含义。乙表面在说"听说他有家庭了？"但暗含着

"但是他已经结婚了，你已经没有机会了"的意思。甲的回答则暗示"他即便结婚了我也愿意争取"。这些含义首先是基于甲和丙在聚会上的表现，然后根据对话的上下文语境推导出来的。

还有含义与字面义不同甚至相反的情形，例如：

> 你穿的衣服真好看！

若某人穿的是新衣服，且得体，那么这句话就是夸奖。若某人穿的衣服很脏，不得体，比如在冬天的寒风中只穿一件衬衫，那么这句话就是讽刺或反语。

（三）语境对交际者关系的选择功能

话语本身可以传达一定的信息，如说话人对双方的熟悉程度、身份、话语权力等信息的认识和预设。然而，同样的话与不同的语境互动可能产生不一样的结果，不同的语境可能会对会话双方的关系进行重构。下面对语境的这一功能进行简要分析。

1.确定人物关系

称呼语的使用可以显示出说话人与听话人的亲疏程度，但有时候同样的称呼语在不同的语境中会有不同的表达效果。如下例：

> 胡文玉见她那样，只好停下来，装出委屈的神情说："许凤同志，这是怎么回事？"
> 许凤咬牙切齿地说："谁跟你是同志，走！"
>
> ——电视剧《战斗的青春》

在电视剧《战斗的青春》中，胡文玉与许凤一段时间既是上下级关系又是恋人关系，自然是非常熟悉的。"同志"这一称呼在战争年代具有高度政治认同含义，胡文玉称许凤为同志不仅想表明他与许凤的熟人关系，还想说明自己与她是同一战线的战友，然而，胡文玉的变节使得许凤拒绝这一称呼，以此拉远彼此间的距离。

2.确定话语身份

陈新仁归纳了社会建构主义身份观的一些基本共识：身份既不是给定的，也不是一个产物，而是一个过程；身份不是简单地源自个体，而是来自磋商过程和具体语境等。

既然身份是动态的、磋商的，那么一定是在具体的语境中反映出来的。反过来说就是语境对话语双方的身份进行了选择。例如，一般情况下，父亲与女儿间的对话通常是随意的、家常的、温馨的，但是事实不一定都如此，如下例：

> 　　又有贾政至帘外问安，贾妃垂帘行参等事。又隔帘含泪谓其父曰："田舍之家，虽齑盐布帛，终能聚天伦之乐；今虽富贵已极，骨肉各方，然终无意趣！"贾政亦含泪启道："臣，草莽寒门，鸠群鸦属之中，岂意得征凤鸾之瑞。今贵人上锡天恩，下昭祖德，此皆山川日月之精奇、祖宗之远德钟于一人，幸及政夫妇。……贵妃切勿以政夫妇残犁为念，懑愤金怀，更祈自加珍爱。惟业业兢兢，勤慎恭肃以侍上，庶不负上体贴眷爱如此之隆恩也。"贾妃亦嘱"只以国事为重，暇时保养，切勿记念"等语。

> ——曹雪芹《红楼梦》第十八回

贾政与元妃本是父女，但元妃却不称其为父亲，且言语简短，而贾政虽是父亲，却称女儿为贵妃，称自己为臣或"政"，且话语冗长、正式，完全不是常规的父女对话，因为在该语境中，话语要确定的主要是贵妃与臣下的身份，而非父女身份。

3.确定话语权势

相传明太祖朱元璋称帝后，一位多年前的同乡前来找他，希望能得到赏赐，在朝堂上讲起他们小时候的故事：

> 　　从前，我们两个都替人家看牛，有一天，我们在芦花荡里，把偷来的豆子放在瓦罐里煮着。还没等煮熟，大家就抢着吃，罐子都被打破了，撒下一地的豆子，汤都泼在泥地里。你只顾从地下满把地抓豆子吃，不小心把红草叶子也一嘴吃进嘴里了，叶子哽在喉咙口，苦得你哭笑不得。还是我出的主意，叫你用青菜叶子放在手上一并吞下去，这样红草的叶子才一起下肚了。

> ——杜婷《细节决定一切》

说话人本意是想通过叙旧向听话人描述自己的功劳从而得到赏赐，据说却被朱元璋一气之下赐了死罪。朝廷作为皇帝与文武百官商议天下大事的办公地点，在朝堂上君臣之别得到凸显，用语应该非常谨慎和正式。另外，封建社会里皇帝常被认为是"天子"，生来即是万金之躯，超越众生，因此尤其忌讳外人知道自身的短处。然而，说话人并没有注意语境，没有认识到他们虽然曾经是平等的小伙伴，如今的地位却是天壤之别，没有看到话语权势的不同，尊卑不分，以"我们""你""我"相称，在当时的社会语境下无疑会因此丢掉性命。

（四）语境对话语方式的选择功能

除了对词义、句义等微观层面的选择外，从更宏观的社会语用角度看，语境还对说话人的说话方式有制约作用。粗略地说，说话方式有直接与间接、礼貌与不礼貌、得体与不得体之分。这几个维度无法穷尽说话方式，但无疑是比较主要的方面。此外，这几个方面无法截然分开，如得体往往意味着礼貌以及间接，但也不是必然，间接不一定意味着礼貌，礼貌也不一定意味着得体。为说明问题，对这些方面进行区分仍有意义。

1.选择直接与间接

所谓直接与间接，具体到言语行为，就是越不加修饰甚至粗鲁地表达个人意图，就越直接，反之就越间接。选择直接或间接的表达方式要看语境，并非越直接或越间接越好。例如：

> 点完名，刘大嘴高举着花名册，脸上露出了悲壮的神色，一字一顿地说："除了炊事班，全连 141 个弟兄，都给我听清楚了——你们家里还有老爹老娘、老婆孩子，他们都眼巴巴盼着你们，谁要是死了，……我就是跑到阎王殿，也要把他抓回来！"

> ——天夫《一个都不许死》

在即将投入一场有去无回的大战前，连长刘大嘴命令炊事班做战士很久不曾吃的东北家乡菜等他们回来。出发前，刘大嘴用了极其直接甚至粗鲁的话语要求战士都要活着回来，目的是体现他对生命的重视，对战士的不舍。如果换成儒雅、委婉的说话方式，那就无法展现铁血军人的气度了。但是，如果是在日常交往中，用语一般应当选择间接的表达方式，以体现文明、平等、礼貌等。

2.判断礼貌与不礼貌

同样一句话，在不同的语境中，可能是礼貌的，也可能是不礼貌的。比如：

麻烦你把这份文件打印出来一下，我马上要用。

"麻烦"是因为自己要求别人做事而表示歉意的表达。如果说话人是位公司董事长，听话人是秘书，作为秘书，文件打印之类的事是分内事，那么这句话是很礼貌的。但是，若反过来，是秘书对董事长说的话，无论理由多么充分，这句话都是欠礼貌的，因为秘书要求董事长为其做件不是分内的事，措辞就应当更加委婉和礼貌。

3.确定得体与不得体

得体还有一个同义词就是"合适"，作出一个合适的话语选择需要考虑多种因素，如社会的、认知的、人类学的、文化的以及个人的，等等。简单地说就是交际应当基于人的情感达到一种平衡状态这一前提。那么，在特定的语境下就应当说特定类型的话，如果话语与语境不匹配，就会产生不好的效果。如下例：

兄弟们，姐妹们……晚上好。

仅就这句话而言，本无所谓得体与否。但此句是一位现任教皇在向广大信徒介绍继任教皇时所说的一句话。我们知道，天主教皇的就任仪式对全世界的天主教徒来说都是一件大事，上一任教皇向广大信众引荐新任教皇有一套隆重而固定的仪式和用语。卡菲（C. Caffi）认为，上一任教皇一般情况下在说完称呼语后紧接着应该说诸如"上帝与你同在"之类的话，然而，这位教皇在说出这句话之前不仅有一个极少有的较长停顿，后面竟然说的是"晚上好"。卡菲认为这种与期望中的语言常规、语境以及互文语境的偏离是不合适的。因此，明白在什么情况下说什么话是十分必要的。

第二节　含义及会话的含义

在日常的言语交际中，很多信息不是直接传递的。说话人通过某一话语传递的信息不一定等同于该话语的字面意义或语义的组合，听话人有时需要根据相关语境进行推理，获取字面意义以外的交际信息。例如：

男：小李，你考驾照了吗？

女：我自行车还没学会呢！

本例中隐含的非字面信息需要听话人通过推理去获取。在言语交际中，类似的字面意义或语义以外的隐含信息就是我们要讨论的会话含义。美国语言哲学家格赖斯首先提出会话含义理论。1967 年，格赖斯在哈佛大学的讲座中提出了会话含义理论和合作原则，着重论述了合作原则的具体内容以及如何利用其来推导会话含义。为了更好地理解格赖斯的会话含义概念，我们首先来了解他关于意义的基本学说。

一、自然意义与非自然意义

格赖斯于 1957 年在《哲学评论》上发表了《意义》一文，正式提出了非自然意义理论。格赖斯把意义分为两类，即自然意义和非自然意义。其中，自然意义是指 X means（meant）something（X 自然地意指某物），讨论的是 mean 的内容，与说话人无关，具体例子如下：

这些小点子意味着麻疹。

乌云意味着下雨。

第一句中从"这些小点子"可以自然地知道它意味着麻疹，第二句中从"乌云"可以自然地知道它意味着下雨，这两例都不涉及也不需考虑说话人的意图，话语的意义可以自然地被理解，在这样的情况下，这类话语就只表达自然意义。

非自然意义是人为的意义，是说话人的意图。格赖斯的定义是 Y meant something by X（Y 通过 X 非自然地意指某物）。也就是说，说话人所说的话语，具有非自然意义，当且仅当：第一，说话人说出话语，试图在听话人那儿引起某种效果；第二，听话人识别到说话人的意图而使说话人的愿望得以实现。例如：

车上响铃三声意指公共汽车坐满了。

假如哪天我死了，世界上发生什么事我都不知道了。

第一句中说话人的意图可能包括两种：一种是提醒司机车上的铃声响了三下，意思是公共汽车坐满了，司机可以开车了；另外一种意思是提醒下面等车的人，车上的铃声响了三下，公共汽车坐满了，不能再上人了，请他们等另一班车。

第二句中，说话人的真正意图也可能有两种：一种是，假如死了，就不用担心坏事情或灾难的发生，有庆幸之意；另外一种是，假如死了，未来要发生的好事就不知道了，有遗憾之意。这两个例子中，说话人的真正意图仅仅通过字面意思已经不能自然获得，听话人需要结合说话人说话的语境，才能真正预测和理解话语的意义。

格赖斯的"非自然意义理论"反映出言语交际行为一个非常重要的方面，即交际过程总是和交际意图分不开。实际上，任何交际过程都涉及交际意图，任何成功的交际都取决于听话人对说话人交际意图的准确理解。格赖斯区分非自然意义与自然意义，是想运用非自然意义分析言语交际中话语的意义。格赖斯认定的非自然意义由字面意义和含义两部分共同组成。全面研究交际中话语的意义，既要研究话语的字面意义，又要研究话语的含义。

二、含义与蕴涵

会话含义指在交际中说话者间接传达的话语意义，即言下之意或弦外之音。为了避免概念上的混淆，格赖斯引入了术语"含义"。会话含义理论不是从语言系统内部（即语音、语法、语义等角度）出发去研究语言形式本身所表达的意义，而是结合具体的语境来分析语言，解释话语的言下之意、弦外之音。例如：

A：下午踢球吧？
B：上午在换草皮。

本例的对话中，从语言形式本身所表达的意义来看，B的回答并没有直接给出答案，似乎是答非所问；然而在实际的语言交际中，人们不难理解B的应答实际上已经告诉了A"下午踢不了球"。在这里，听话人需要透过话语的字面意义来获得说话人真正想表达的意思。

逻辑上的"蕴涵"概念与含义不同，它主要用来分析词语之间的语义关系，有时把这种应用叫"语义蕴涵"。蕴涵可以用公式"甲→乙"来表达，就话语本身表达的意义来说，如果有甲就必然有乙，就说甲蕴涵乙。例如，从"他家买了一台洗衣机"就可以推知"他家买了一台电器"，从"钢笔尖坏了"就可以推知"钢笔坏了"。一个句子的意义相当于一组命题的集合，其中有些命题是离开语境从该语句推出来的命题，叫该语句的语义蕴涵命题：句 A 语义蕴涵句 B，当且仅当，根据句子成分之间的意义关系，从 A 能够逻辑地推出 B，即不会 A 真而 B 假。例如：

> 约翰拥有三头牛。
>
> 约翰拥有某些牛。
>
> 约翰拥有某些动物。
>
> 约翰拥有某些东西。
>
> 某人拥有三头牛。
>
> 某人拥有某些牛。
>
> 某人拥有某些动物。
>
> 某人拥有某些东西。

从第一句到第七句都是"约翰拥有三头牛"的蕴涵命题。一个语句的所有这些蕴涵命题的集合，就表达了该语句的意义。

利用蕴涵概念，可以理解句子之间的许多语义关系，比如同义关系、对立关系等。两个句子是同义的，当且仅当，它们具有完全相同的一组蕴涵命题；或者说，它们两者相互蕴涵，即一个为真，另一个必真。例如：

> 爱因斯坦和罗素是同时代人。
>
> 罗素和爱因斯坦是同时代人。

在任何时候，都不可能存在第一句真而第二句假的情况，反之亦然，它们两者相互蕴涵，因此是同义句。蕴涵是句子表达的基本信息，在言语交际中起着重要作用。

三、会话含义的类别

格赖斯认为非规约性含义就是会话含义，或者更确切地说，会话含义属于非规约性含义。

（一）规约性含义与规约性意义

规约性意义是语句的字面意义，仅凭语言知识就可以知道。这里所谓的字面意义，也包括因一词多义而形成的不同的话语意义。例如：

你不必想太多，随时可以把包袱丢掉。

我这会儿太忙，下次再找你算账。

上面两句话都是因同音、同形、异义而导致语句产生不同的话语意义。第一句中的"包袱"基本意思指"用布包起来的包儿"，另外一个意思是"比喻某种负担"。由此听话人会理解出两种不同的字面意义："他把包了东西的包袱丢掉"或者"他把思想负担丢掉"。第二句中"算账"的基本意义是"计算账目"，另外一个意义是"吃亏或失败后与人较量"，这样听话人也会理解出两种不同的字面意义。语句的规约性意义除帮助听话者确定语句所言以外，在某些情况下也会帮助其确定语句的隐含意义。例如：

他是中国人，因此，他会打乒乓球。

此例说明说话人通过语词意义来表达"他会打乒乓球是由于他是一个中国人"这一层意思。此例中的"因此"对其隐含意义的产生及推导起了关键作用。它暗示着该语句隐含命题"中国人会打乒乓球"的存在。这样一来，话语的隐含意义就可以通过有据可依的逻辑推理而获得。格赖斯称这种含义为规约性含义。规约性含义由于借助前提和逻辑知识就可以推导出，因此它不在格赖斯论述的会话含义之列。

（二）一般会话含义和特殊会话含义

格赖斯将会话含义分为一般会话含义和特殊会话含义。

一般会话含义是指不需要特殊语境就能推导出来的含义。进行言语交际时，某种（形式的）语词除字面意义之外，通常还带着仅在语言使用过程中显现的某（类）隐含意义，这对于具有语用常识的人来说是很容易获得的。例如：

王三今晚要去见一个女人。

张四昨天进了一幢房子，发现前门内有一只乌龟。

　　我昨天弄断了一根手指。

　　格赖斯认为这三句话都指一般会话含义，但前两句与第三句类型不同。第一句的"一个女人"不是指王三的老婆、姐妹或母亲，而是其他的女人；第二句的意思是"这幢房子不是自己的"；第三句与前两个句子相反，指的是"我弄断的是我自己的一根手指，而不是别人的"。三个句子的含义都是依靠人们的语用常识得到的，这就是一般会话含义。

　　一般会话含义和规约性含义的相同点在于两者都和语句本身有关，都是隐含在上下文之中的含义，人们只要依据一般常识就可悟出。而两者的差异在于，前者和语言使用常识相关（具体涉及的是不定指名词在特定上下文中的指称），而后者却要通过逻辑常识来识别。

　　特殊会话含义指需要特殊语境才能推导出来的含义。

　　A：我爸爸的病究竟怎么样了？

　　B：我只能告诉你，你现在能做的就是尽快实现他的愿望。

　　B的回答出人意料，没有直接告诉A病情严重与否，这就违反了说话时应该遵守的常规，不过结合特定语境，听话人最终能够得出"父亲病重"这种特殊会话含义。

四、会话含义的特征

　　格赖斯针对会话含义和规约性意义的区别，指出会话含义具有五个特点。

（一）可取消性

　　在具体情况下，一个会话含义可以通过附加一个分句而被取消或者通过上下文表明说话人放弃了那个会话含义。可取消性一般由两个因素引起：一是说话人在原先的话语上附加一个分句来表明（或暗示）自己要取消（或废除）原来说话的会话含义；二是话语在特定语境中表明（或暗示）说话人意欲取消（或废除）该话语中的会话含义。

　　甲：我车没油了。

　　乙：前面拐角处有一个修车铺。

"前面拐角处有一个修车铺"一句带有这样的含义：你也许可以从那里买到汽油。但若在该句之后加上"不过它这时已经关门了"，先前的含义（你也许可以从那里买到汽油）就被取消了。

（二）不可分离性

会话含义是利用合作原则中的各项准则，让对方根据话语的语义内容推导出来的。因此，会话含义依附于话语的语义内容而非语言形式。一般来说，一个人不可能通过改变同一内容的不同说法而改变会话含义。如果话语在特定语境中产生了会话含义，那么无论使用什么样的表达方式，含义始终存在。如下面的例子。

> A：你觉得讲座怎么样？
>
> B：哦，我认为那个报告厅挺大。

B句的会话含义是"那个讲座没有什么意思"。如果将句中的"我认为那个报告厅挺大"换成"那个报告厅是不是挺大？""那个报告厅挺大，你觉得呢？"等，说话人传达的会话含义仍然一样。

（三）可推导性

所谓可推导性，指的是听话人一方面根据话语的字面意义，另一方面根据合作原则的各项准则，可以推导出相应的会话含义。例如，"王军霞是东方神鹿"，这句话的含义可以通过推导获得。其推导过程如下（S指说话人，H指听话人）：

S说"王军霞是东方神鹿"；

但王军霞是长跑运动员，不是神鹿；

S偏要说"王军霞是东方神鹿"，且持合作态度，所以必定是想要表达会话含义；

S和H共知"鹿"是跑得很快的动物，"神鹿"当然跑得更快；

S未阻止H做这样的理解。

因此，S说"王军霞是东方神鹿"这句话的会话含义是，他认为"王军霞是跑得最快的长跑运动员"。

（四）非规约性

会话含义不是话语的规约意义，它是通过结合合作原则中的各项准则、话语的字面意义以及语境推导出来的。字面意义在话语中是不变的，会话含义则随着语境的不同而变化。例如：

这里很热。

在某一特定语境中上面的例句可能会产生"打开窗户"这个会话含义，而这个含义与"这里很热"的规约性意义或字面意义没有任何关联。另外，上述话语若在其他一些语境中则可能产生一些其他的会话含义，比如"到外边开会吧""换个房间吧"等。

（五）不确定性

推导会话含义就是推导交际双方在遵守合作原则前提下说出的话语的种种解释，而根据语境的不同可以有不同的解释，因而会话含义是不确定的。例如：

老王是个老黄牛。

例中在不同的语境中可以表达"老王很辛苦""老王体弱多病""老王很老实"等会话含义。

会话含义理论自 20 世纪 60 年代以来经历了两个阶段。从 20 世纪 60 年代到 20 世纪 80 年代中期为第一阶段，这一阶段主要研究特殊会话含义，有人称之为古典格赖斯会话含义理论发展阶段。第二阶段从 1987 年列文森发表《语用学与前指的规则》一文开始至今，这一阶段主要研究一般会话含义，被称为新格赖斯会话含义理论发展阶段。本节介绍和讨论的主要是古典格赖斯会话含义理论。

第三节　合作原则

上文区分了语言使用的自然意义与非自然意义，并谈到了含义和会话含义。含义理论是由日常语言哲学学派哲学家格赖斯在哈佛大学做讲座的过程中提出来的。这一理论旨在区分"所言"与"所含"，是语用学的经典理论。在这次讲座中，为了推导会话含义，格赖斯提出了著名的合作原则。

一、合作原则提出的背景及具体内容

语言使用是一种有目的的行为，为了达到某种目的，交际者本人会采用一定的策略，同时也会期待其交际对象理解该策略。这种对交际目标的共同追求就表现为交际者之间的相互合作，这种合作具体表现在四个方面，这就是格赖斯在区分"所言"与"所含"这两种意义类型时提出的合作原则及其四个准则。

（一）合作原则提出的背景

20 世纪的分析哲学可以分为对理想语言和对日常语言的研究。理想语言就是用逻辑符号和数学符号构成的人工语言，日常语言就是日常交流中所用的语言。主张研究理想语言的哲学家认为日常语言存在很多缺陷，是不完美的，所以没有研究的价值。把理想语言作为研究对象的哲学流派被称为逻辑实证派，这一流派用语言所表达命题的真值来解释语言的意义。但是，逻辑实证派的意义观有时无法对日常生活中常用的一些表达情感、道德判断、信念等命题的意义提供合理的解释。

在这一背景下，以斯特劳森（P. F. Strawson）和奥斯汀等为代表的哲学家倡导对日常语言进行哲学研究。其中，奥斯汀的言语行为理论具有深远影响。他指出，语言并不只是用来描述世界的，语言还可以做很多事情，比如请求、邀请、许诺等，这些语言的行为意义都无法用逻辑实证主义的真值条件意义来解释。尽管奥斯汀把语言哲学研究的视角从理想语言转向了日常语言，但言语行为理论依然未能区分语言的一般意义和语言在具体语境中的意义。在言语行为理论的基础上，格赖斯不仅要对"所言"和"所含"

进行区分，更重要的是要提出一个可以解释二者间区别的机制，含义理论以及用来推导会话含义的合作原则就是在这种背景下诞生的。

（二）合作原则的具体内容

合作原则是根据会话的目的或交流的方向，使自己讲出的话语是一定条件下交际所需的。格赖斯在合作总原则之下，归纳了四类不同的准则。

第一，量准则：所说的话应包含交谈目的所需的信息；所说的话不应超出所需要的信息。

第二，质准则：不要说自知是虚假的话；不要说缺乏足够证据的话。

第三，关系准则：要有关联。

第四，方式准则，要清楚明白，包括：避免晦涩；避免歧义；要简练（避免啰唆）；要有条理。

这四条准则中前三条都与信息的内容或数量有关，而第四条与传达信息的形式有关。另外，需要指出的是，格赖斯在合作原则中所指的"合作"并不是指交际者之间善意的迎合，而是在语言使用层面上都遵循同样的规范，即使谈话双方充满了敌意，他们的谈话在语言使用或交际互动层面上仍然是"合作"的。正是因为交际者信守同样的交际规范，语言交际才可能顺利进行，人与人之间才能相互理解。因此，合作原则及准则就是人们不约而同、潜意识共同遵循的交际规范。

二、遵守合作原则的主要表现

在我们的现实交际中，一部分言语交流在语言使用的表层就体现了语言使用层面的"合作"，或者说体现了交际双方对交际规约的遵循。我们可以看下面的例子。

例一：

李：她是做了个啥手术？
陈：腰椎间盘突出的那个。

例二：

　　张：还住妹子那儿？

　　王：呃，有可能住她那儿也有可能不住她那儿。

例三：

　　燕青：喂，利荣？

　　利荣：燕青？

　　燕青：诶。

　　利荣：诶，你去食堂的时候给我带个饭吧？

　　燕青：噢，行。

在例一中李询问陈"她"所做手术的名称，陈给出了相应的回答（腰椎间盘突出）；例二中张的提问是对他所假设的信息进行确认，理论上期待的是一个"是"或"否"的回答，尽管王给出的回答既不是肯定也不是否定，但这一点正反映了王对"质准则"的遵守；例三是一个电话谈话的开始部分，在相互识别和确认身份后，利荣对燕青提出了一个请求（让燕青给自己从食堂带饭），交际常识告诉我们，对某种"请求"行为的回应结果要么是接受，要么是拒绝，这里燕青接受了利荣的请求。

从上面这三个例子可以看出，人们在言语交际中都明白交际系统运作所遵循的规约，用格赖斯的理论来讲，就是合作原则及四个准则。也就是说，人们都知道按照交际发展的方向，从提供信息的量、质、关联性以及呈现信息的语言表达方式等方面来设计自己的话语，从而共同完成交际任务。即使在话语的表层违背了合作原则及某个准则，交际双方仍然清楚说话人是在试图以传递会话含义的方式间接地实现对交际规约的遵循。例如：

　　沈：那啥，入党的那个表我不会写，帮我填下吧？

　　杨：呃，啥时候？

　　沈：一会儿吧。

　　杨：着急要了？

　　沈：明天就要了。

杨：一会儿我要出去了，不行你找梁静吧，她今天好像在学校。

沈：哦，行，那我找她吧。

在这个例子中，沈在第一句对杨提出了一个请求（让杨帮自己填表），按照交际双方共知的交际规约，杨应该对沈的请求做出接受或拒绝的行为，但杨并没有这样做，而是对填表相关的时间提出了两个问题（第二句和第四句），使得沈在得到接受或拒绝的回应前要先回答杨的这两个问题（第三句和第五句），这样直到第六句杨才对沈的请求给出了回应。作为言语交际者，我们都可以很容易把杨的回应理解为拒绝，但仅从语言表层看，杨在第六句所说的话并没有直接对沈的请求给予拒绝，而是给出了不能满足沈的请求的原因（"一会儿我要出去了"），同时还给沈提出了建议（"不行你找梁静吧，她今天好像在学校"），从这两点得出杨的话语的含义是"拒绝"，但这是需要经过语用推理的。所以，当面临语言使用的表层似乎"不合作"的状况时，交际者都会通过语用推理去寻找该话语的含义，因为交际者都明白"合作"是交际的前提，是交际者共同遵循的交际规约，当语言使用在表层"不合作"时，那么它在含义层面一定是合作的，这是交际者所共有的交际常识。

三、违反合作原则的主要表现

遵守合作原则及其准则是交际双方相互间的一种心理期待，也是交际得以顺利展开的前提，但这并不意味着交际中没有不合作的情况发生。在实际交际中，违反合作原则的主要表现为：为误导对方而故意违反合作原则；因语言能力有限而在无意中违反合作原则；无合作意愿或不能合作而故意违反合作原则；因文化习俗而故意违反合作原则。此外，还有一种是在合作的基础上刻意违反准则。

（一）为误导对方而故意违反合作原则

为误导对方而故意违反合作原则是指在一些特殊的言语事件中，说话人为了特定的交际目的，比如掩盖事实真相、误导听话人等，有意识地、不公开地违反会话合作原则（表现为对某个或多个准则的违反）。这种违反往往不被听话人识别。从命题的真假来看，说话人说的话为真，但其会话含义为假，这样一来，就达到了说话人误导听话人或掩盖事实真相的目的。例如：

> 某女，好网上聊天。因文笔极好，引众男网友倾慕。某日一男斗胆发问：
> "小姐年方几何？"答曰："二十有余。"再问："身高如何？"答："不足一米
> 七。"问："容貌可好？"答："某公司曾力邀为其产品做广告，三次皆被吾婉
> 拒。"某男遂拜服，邀可否相见。某女欣然答应。

> 相见后，某男发现某女极丑，且老而矮胖，大呼上当，要某女给其一说法。
> 某女曰："吾年近三十，但说二十有余，何错之有？吾身高一米五一，当然不足
> 一米七。某猪饲料公司邀吾做广告，一句台词曰：'吾误认此饲料为麦片，误食
> 一次竟出此效果。'此种广告老太太亦会拒绝。"某男遂晕而倒地。

在上面这个例子中，"某女"对"某男"的三个问题的回答都是为误导对方而故意违
反会话原则。其中"二十有余"和"不足一米七"两个回答都是对合作原则下的量准则
的违反，她本可以说出准确的年龄和身高，而故意提供不足量的信息，因为"二十有余"
的常规含义是二十出头，或二十一二岁，"不足一米七"的常规含义则是接近一米七，即
一米六八或一米六九。但相对"某女"的实际年龄（近三十）和实际身高（一米五一）
来讲，上述两个含义都为假，这样"某女"就达到了掩藏事实和误导听话人的会话目的。
这一类对合作原则的违反常出现在广告、政治辩论、法庭审讯等语域。

（二）因语言能力有限而在无意中违反合作原则

说话人语言能力有限或语言表现失误也会使其在无意中违反会话合作原则。与语言
能力有限相关的违反合作原则的情况多发生在儿童或外语学习者身上，而由于语言表现
失误导致的对合作原则的违反多发生在语言能力正常的母语使用者身上。但无论是因为
语言能力有限还是由于语言表现失误而违反合作原则，这种违反都是无意的。试看下例：

> 办公室的小东在食堂捡到一个钱包。他拾金不昧，把钱包还给了失主——
> 外籍员工约翰。约翰很受感动，写了一封感谢信贴到了宣传栏里。结果，每个
> 经过宣传栏的员工都忍不住笑了。原来感谢信的标题是：瞧小东干的好事！

"瞧某某干的好事！"在汉语中是一个反语，它的一般会话含义刚好与字面意义相
反，但因为外籍员工约翰的汉语语言能力还没有达到正确使用反语的水平，所以使用了

一个传达相反含义的话语。然而，这一结果是由于说话人语言能力有限而无意间造成的。

（三）无合作意愿或不能合作而故意违反合作原则

在一些特殊的场合，鉴于法律的、政治的或其他原因，说话人不允许透露相关信息。在这种情况下，说话人可以明确说出自己不能合作，不能提供相关信息的事实。例如：

> "……你们要住多久呢？"
>
> "我们要住到应该走的时候！"
>
> "那是什么时候呢？"
>
> "那是军事秘密！"
>
> ——黎汝清《叶秋红》

这个例子中听话者对第一个问题的回答违反了量准则，对第二个问题的回答违反了关系准则，这两处违反都是很直接的违反，但它们不是为产生会话含义而故意违反，而是因工作性质的需要，对于所涉及的问题不能提供合作才给予对方这样的回答。

（四）因文化习俗而故意违反合作原则

另外还有一种对会话合作原则的违反属于说话人故意为之，原因是在该文化中的特定场合下，人们都约定俗成地违反某会话准则。例如，在某些文化中，提供不足量信息是一种社会规约，即使说话人占有足量信息，也不会完全表达出来，而且听话人也不期望说话人提供足量信息，所以在这种情况下，说话人尽管违反了量准则，但不会产生会话含义。在中国文化中也有类似的语言用法。

例一：

> 甲：你爷爷还在吗？
>
> 乙：不在了。

例二：

> （席间）
>
> 甲：你去哪儿？

乙：我出去一下。

在中国文化中，与"死""排泄"等相关的词汇和话题都属于语言禁忌。所以在例一中，在甲的爷爷的年龄、身体状况等都属于交际双方的共有语境信息的情况下，"在"是"在世"的意思，"不在"则是"去世"的意思。同样，在例二中，在进餐的场合，人们离席去洗手间方便，也会有意违反量准则，不提供足量信息，不直接说出去厕所大小便。同样，这种情况下，尽管说话人故意违反了量准则，也不会产生歧义。

诸如此类的由于语言禁忌而导致的违反会话合作原则的现象在不同的文化中都会或多或少地存在，这种情况并不是对格赖斯的合作原则及其准则的证伪，对话双方依然在更高的社会互动层面上合作，只不过是由于某一特定的社会规约、某一会话准则暂时被搁置了起来，这种不合作其实只是表层的不合作。

（五）在合作的基础上刻意违反准则

格赖斯的含义理论讨论的重点并不是上面四种违反合作原则的情况，而是说话人如何在合作的基础上刻意地通过公开违反合作原则的一个或多个准则，来使得听话人识别自己的交际意图，推导出会话含义。因此，这种表面上的违反实质上是对各个会话准则的一种利用。

1.对质准则的刻意违反

根据格赖斯的含义理论，如果说话人刻意、公开地说出命题真值为假或缺少证据的话语，他并不是不合作，相反，他是通过语言表面的不合作，给听话人留下线索，让听话人意识到说话人要表达的不是字面意义，而是基于语境推理而得出的会话含义。例如：

"小同志，你家住在哪儿，我们一定登门拜谢。"
"我家住在黄土高坡……拜拜了。"

当被问及具体住址时，说话人用一句流行歌曲的歌词来作答，交际双方都明白这不是真实的答案，说话人在故意说假话，但这里的假话不是为了欺骗对方，而是给对方以暗示和进行语用推理的线索，也就是传达"我不想告诉你我的住址"这一会话含义。

2.对量准则的刻意违反

在言语交际中，交际者对交际对方提供信息的量也很敏感。说话人刻意提供多于或少于交际所需的量，都会被看作是试图传达会话含义的信号。

例如：

> **子兰** （起立）你不喜欢他！喜欢谁？
> **婵娟** 我喜欢我喜欢的人。
>
> ——郭沫若《屈原》

这个例子中，子兰是楚国的公子，婵娟的话明显没有提供交际所需的信息，甚至可以说提供的信息量接近于零。通过故意、公开违反量准则，婵娟暗示子兰她喜欢的人不是他。

3.对关系准则的刻意违反

无论是书面语篇还是口头语篇，连贯性都是语篇可理解的前提。从篇章角度谈的连贯性实际上就是从意义角度所说的关联。对书面语篇来说，由于作者生成语篇和读者理解语篇之间在时间和空间上都存在较大距离，作者和读者之间也不可能进行即时的互动，所以如果书面语篇的段落与段落之间不连贯，就直接造成意义上的不关联，读者就会很难理解。但在面对面的谈话中，如果说话人的话语与其之前的话语不关联，听话人一般不会认为说话人是不合作，而是会把表面的不合作看作深层合作，并会推导话语所表达的含义，来发现说话人的真正意图。例如：

> 甲：你喝咖啡吗？
> 乙：忙。

甲用的是一个一般疑问句，执行的行为既可以理解为给予（对方一杯咖啡），也可以理解为邀请（去咖啡馆喝咖啡）。但无论理解为哪种行为，乙的回答都不相关，乙通过这个表面不相关的回答为甲提供了进一步推理的线索。根据常识，如果一个人忙，那么他就可能没时间喝咖啡，更没时间去咖啡馆喝咖啡，所以乙的回答的含义就是自己不想（去）喝咖啡。这里，乙没有直接拒绝，而是通过给出拒绝的原因，让甲假定自己是合作的，进而推导出相关联的含义。

4.对方式准则的刻意违反

人们参与言语交际都期望能顺利达到交际目的，所以一般都会通过简单明了、符合逻辑、没有歧义的话语来直接表达自己的交际意图，但也不尽然。有时说话人也会故意使用意义模糊、顺序颠倒、不简洁的话语来引导听话人去推导会话含义，使听话人识别其交际意图。例如：

> ……老孙头摔倒在地上，半晌起不来，调皮的人们围上来，七嘴八舌地打趣他。
>
> "怎么下来了？地上比马上舒坦？"
>
> "这屯子还是数老孙头能干，又会赶车，又会骑马，摔跤也摔得漂亮。啪嗒一响，掉下地来，又响亮又干脆！"
>
> ——周立波《暴风骤雨》

这个例子对老孙头摔跤的细节进行了描述，正常情况下人们是不会这么"啰唆"的。说话人通过故意违反方式准则，给听话人（老孙头及在场的其他人）留下进一步推理的线索，听话人会根据其他语境信息，如老孙头的为人等，推导出说话人讽刺或调侃老孙头这一真实意图。

四、基于合作原则的会话含义推导

会话含义的特征之一是可推导性，而含义推导离不开对话双方都遵守合作原则这一假定前提。格赖斯在《逻辑与会话》一文中明确给出了会话含义的推导步骤：

说话人说了 p，听话人没有理由认为说话人没有遵守会话准则，或者至少认为说话人是遵守合作原则的；在这一前提下，说话人通过说 p，肯定是意图传达 q；说话人知道（而且知道听话人知道他知道）听话人明白说话人要求听话人识别 q；而且说话人没有做任何事情来阻止听话人这么认为；所以说话人有让听话人识别他的这一意图，至少有让听话人这么认为的意愿；因此听话人可推导说话人通过说 p 暗含了 q。

我们可以通过下面的例子进一步明确语用推理的步骤：

> 晚九点，甲、乙加班结束。
>
> 甲：我请你喝咖啡。
>
> 乙：我喝了咖啡会一晚上睡不着觉。

甲在晚上邀请乙喝咖啡，乙告诉甲咖啡会让他一晚上无法入睡，整晚不睡的结果是休息不好，休息不好就会影响第二天的工作和生活，所以可推断乙表面给出了一个陈述，实则执行了拒绝的行为。而且，乙知道（同时知道甲知道他知道）甲明白他要求甲识别他的这一意图，因此甲可推导出乙说"咖啡会使他一晚上睡不着觉"实则是在传达他不想喝咖啡这一含义。

第四节　礼貌原则

概括而言，交际有两大目标：施为目标和社会目标。相应地，言语行为可以分为四大类：竞争类（施为目标与社会目标相互竞争的言语行为）；和谐类（施为目标与社会目标相一致的言语行为）；合作类（以交换信息为主要施为目标的言语行为）；冲突类（施为目标与社会目标相互冲突的言语行为）。

作为社会目标的重要内容，礼貌制约着言语行为的实施方式。不同的言语行为对礼貌的要求程度是不同的。竞争类言语行为，如命令、请求等本质上是不礼貌的，因此说话人更要注意礼貌地使用语言。和谐类言语行为，如提供、邀请、祝贺等本质上是礼貌的，该行为与礼貌是和谐的。合作类言语行为看重的是信息本身的有效传递，因此礼貌是无关紧要的。冲突类言语行为，如指责、咒骂等本质上也是不礼貌的，在此过程中礼貌因素一般是很少或不予考虑的。

然而，何谓礼貌与不礼貌，并不能诉诸常识，而且不同的文化对礼貌与不礼貌的认识也不一致。对此，国内外学者进行了大量的探讨，相关研究成为语用学的重要内容。

一、礼貌与不礼貌的定义

中华民族是个历史久远的礼仪之邦，中国的礼貌一词最早要追溯到"礼"这个概念。中国古代的"礼"本是一种祭祀行为，"礼"在《说文解字》中的解释是："礼，履也。所以事神致福也。从示，从丰。"在古代，祭祀是要讲规矩的，所以"礼"便成为规章制度的代称，并逐渐演化为一项基本的社会制度，即礼制。而如何实现"礼"，最重要的一点便是"自卑而尊人"。《礼记·曲礼》中写道："夫礼者，自卑而尊人。虽负贩者，必有尊也，而况富贵乎？"意思是不论贫富，任何人都是有尊严的。有礼的人会自谦并尊敬任何人，这也是汉文化中礼貌的核心成分。由于礼貌与礼的密切关系，所以中国的礼貌这个概念自产生开始就带有强烈的道德约束力。简而言之，中国传统社会的"礼"或者"礼貌"不仅是一种个人的行为规范，而且是一种社会秩序，带有强烈的个人道德色彩。

现代社会的"礼貌"被视为人与人之间交往的最重要法则，这意味着礼貌语言对于构建和谐文明的社会是至关重要的。然而，在纷繁复杂的人类言语生活中，既有和谐，也有纷争。和谐源自大众对社会道德规范及社会公约的遵守，而纷争源于个体对社会道德规范及公约的违背。和谐文明是我们追求的目标，但我们也不能忽视违背道德规范、社会公约的言语行为，不礼貌现象即是其中之一。

从本质上讲，语言礼貌可以区分为规约性语言礼貌和策略性语言礼貌，前者是制度、规约、习俗、规定等对人们的语言行为施加影响带来的结果，如车站售票窗口服务对礼貌语言的使用；后者是特定交际者出于特定目的而刻意使用礼貌语言或话语产生的效果，这种礼貌语言有可能言不由衷。

不礼貌现象包括语言和非语言方面，非语言方面的不礼貌行为如随地吐痰、高声呼喊、任意插队等，此类可称之为行为不礼貌或不文明行为，与品德和修养关系密切。语言方面的不礼貌主要指因为不礼貌语言的使用，或者听话者认为说话人使用了不礼貌语言而产生了不礼貌效果。因此，不礼貌语言指语言中与礼貌语言相对的一种现象。在实际语境中，不礼貌语言的应用或者是说话人说出或者被听话人识别成不礼貌的话语就叫不礼貌言语，使用不礼貌言语或者造成不礼貌效果的言语行为称为不礼貌言语行为。后者又可以区分为直接不礼貌行为和间接不礼貌行为。前者指在交际过程中，参与者使用不礼貌表达或者采用不礼貌方式（包括伴随的韵律、体态语等）使听话人尊严受损，或对其利益和权利等构成损害，或忽视、轻视、藐视听话人利益和权力等，对听话者造成不快、冒犯甚至伤害，从而导致交际向不和谐的方向发展，比如谩骂侮辱、鄙视贬损、威胁警告、不当称呼、直言不讳、阻止打断等。后者指讽刺挖苦（用形式上的礼貌如赞美、表扬、恭维等实施讽刺和挖苦），礼貌缺失（需要讲礼貌的时候没有实施礼貌）等。

二、礼貌与不礼貌的属性

礼貌与不礼貌不是绝对、静态的概念，而是相对的概念，主要体现在以下三个方面。

（一）语境依赖性

庄子曾说过，"夫言非吹也，言者有言。其所言者特未定也"，意思是必须重视语境研究，才能准确把握言语的意义。确切地说，语言表达形式本身并不具备意义，只有在完整的话语和语境中，其意义才会产生。语境可以分为说话人语境和听话人语境。从说话者的角度来说，在一些交际语境中，礼貌与不礼貌是说话者选择使用的一种语用策略；而在一些语境中，它可能是说话者根据语境作出判断之后的选择；在另外一些语境中，它甚至只是个人习惯长期形成的结果；在其他语境中，言语礼貌与不礼貌或许是一种真情流露，是自身情感的瞬间爆发。从听话者角度来说，言语礼貌与不礼貌是听话人对说话人言语行为作出的正面或负面的评价，这种评价有一部分是基于语境因素。例如，"怎么样？小日子过得不错吧？"对婚姻幸福的人说是礼貌得体的，而对婚姻不幸福的人来说无异于伤口撒盐。因此，言语礼貌与言语不礼貌是依赖语境的。

（二）程度差异性

语言礼貌具有不同程度的表现，语言不礼貌同样也有程度上的差异。不同的程度差异可以形成一个从"很有礼貌"到"很不礼貌"且它们之间可以相互转化的连续体（很有礼貌—有礼貌—基本礼貌—不礼貌—很不礼貌）。对于不同程度的礼貌与不礼貌言语行为，汉语中有不同的元话语标记。

言语礼貌行为中的礼貌典型称呼如"您"；表示祝愿的"祝"字句，"愿"字句，"希望……"句等；表示恭敬的标记语，如拜托、拜望、贵庚、赐教、请问、令尊等；还有表示客套、感激、问候、委婉等的礼貌语言标记语。不同类型的礼貌语言从形式到内容都有不同程度的差异。

言语不礼貌行为中的詈骂语、侮辱语、禁忌语等会让人感觉极端不快，对听话者的权利和利益造成显而易见的威胁和伤害，属于极端不礼貌言语行为。讽刺、挖苦、指桑骂槐等言语行为次之。而有的不礼貌言语可能没有明显的标记，如蔑视、抱怨、批评等，这些言语行为同样会引起听话人心里的不快，对听话人权利和利益造成损害，但相较于前两者，这类言语行为的不礼貌程度大大降低。劝告、建议、提醒等言语行为同样可能引起听话人的不快，也可被解读为不礼貌的言语行为，但它们处于礼貌言语行为和不礼貌言语行为的交界处，应视语境而定，有时也可被解读为礼貌言语行为，识别起来较为困难。

（三）主体间性

主体间性概念是针对传统认识论中主体性概念的局限提出的。传统认识论一直关注诸如主体如何认识客体，客体又如何反作用于主体等主客体关系问题，强调的是一种单纯的"主体—客体"，或"主体—中介—客体"的模式。该模式在处理人与自然、人与物之间的关系时是行之有效的，但在处理人与人之间的关系时，就遇到了"他人不是客体"的难题。因此，要想从理论上解决这个问题，势必要建立主体间性模式。

主体间性指的是两个或两个以上主体之间具有的共同性和沟通的可能性，依托交际参与者的个性、态度和设想的互动而建立。本质上，礼貌和不礼貌既不是合作与不合作的问题，也不是遵守与违背社会规范的问题，它们在很大程度上取决于交际参与者的评价，这种评价基于说话者与听话者之间的互动，如说话者和听话者之间的关系、性格，评价者的心理状态以及交际者所共同接受的评价标准等。反过来，交际主体间礼貌与不礼貌话语的互动又作用于认知、文化、社会等因素。

三、影响礼貌与不礼貌判断的因素

礼貌或者是个人出于对别人的考虑，或者是出于对自身利益方面的考量或是由于受到社会的约束而选择的一种行为形式。尽管我们能够根据习惯说出什么是礼貌的行为，什么是不礼貌的行为，但我们似乎很难找出判定礼貌或不礼貌行为的客观标准。可以说，个人对于礼貌或不礼貌的判断主要是根据个人的习惯以及他或她所处的语境。事实上，决定特定语境下的话语是否礼貌有多种因素，主要包括以下几个。

（一）彼此距离

交际中说话人可以利用语言来表达自己与交际对象或话语指称世界之间的距离。这就是语用距离，它是交际双方在特定的交际环境中所感知和确认的彼此之间的关系密切程度。例如，人称代词"我们"就可以拉近距离，而"你们"则相反，冷淡疏远型不礼貌就是这种语用距离调控的结果。话语礼貌与不礼貌在很大程度上受到语用距离的影响，语用距离可以决定并用来判断交际话语在实际运用中是否礼貌以及不礼貌的程度。如果关系非常亲近的人使用非常礼貌的表达方式会被认为是不真诚的表现，其结果往往是不礼貌的；而若交际中参与者之间语用距离较远，选择的语言表达式却不正式甚至粗俗，其当然会被对方评价为不礼貌。

（二）权势关系

权势也是影响礼貌程度的重要语境参数之一。这里的"权势"不是狭义的政治权力或者势力，而是交际双方在年龄、社会地位、社会分工、财富、权力等方面的社会关系。交际双方的权势可以均衡也可以极不对称，这往往在日常交际的话语中广泛地体现出来。权势不对称指一方权势居于优势，如上下级关系、长辈和晚辈关系、师生关系、主仆关系，等等。一般而言，听话人比说话人有权势、有地位时，礼貌的级别要求较高；当听话人比说话人的权势或地位低时，对礼貌的级别要求就较低。换句话说，强势的一方可以实施不礼貌言语行为，与此相反，弱势一方的不礼貌言语行为以及对不礼貌言语行为的回应则受到各种限制。

（三）强加幅度

强加幅度指的是说话人所说话语的直接程度和听话人接受该话语的自由度。如果话语内容会使听话人受益，那么说话人的话说得越直接，听话人接受的愿望就越明显，就越能显出说话人热情好客。如果话语内容会使听话人受损，则话语说得越间接，听话人自由选择的余地越大，就显得越有礼貌，反之，则越不礼貌。

四、礼貌原则与宏大礼貌策略

礼貌原则最早是由西方学者提出的，而要介绍西方学者的礼貌原则，首先就不得不提到美国哲学家格赖斯的会话合作原则。合作原则的内容体现为四准则，即量准则、质准则、关系准则、方式准则。根据格赖斯的合作原则，每个说话人都应遵守这些准则。但在现实交际中，却时常出现种种公开刻意违反该原则中某一或多个准则的现象。也就是说，当我们刻意违反其中任何一个准则时，我们往往在传达会话含义。合作原则解释了话语的字面意义和它的实际意义之间的关系，解释了会话含义是怎样产生和被理解的，但它却没有解释人们为什么要刻意违反会话准则而选择含蓄、间接地表达自己的思想或意图。

作为对合作原则的补充，雷科夫描述了三种不同的、说话人可以遵守的礼貌规则：①不要强求于人；②给对方留有余地；③增进相互间的友情。之后，布朗和列文森在《礼貌：语言使用中的一些共性》一书中系统地阐述了他们的礼貌理论，即"面子保护理论"。他们认为，面子就是每个人意欲为自己争取的公共自我形象，并将交际中人们要考虑的面子分为积极的和消极的两个方面；他们还指出，有效的交际过程实际上就是采取积极礼貌策略或消极礼貌策略以达到给交际双方都留点面子的目的。

英国语言学家利奇对言语交际中的礼貌现象做了更为深入的研究，他在其著作中提出了制约语言交际的礼貌原则，从社会心理学角度阐释了它的必要性和重要意义。礼貌原则包括以下六个准则。

第一，得体准则：尽量少让他人吃亏，尽量多让他人受益；

第二，慷慨准则：尽量少让自己受益，尽量多让自己吃亏；

第三，赞扬准则：尽量少贬低他人，尽量多赞誉他人；

第四，谦虚准则：尽量少赞誉自己，尽量多贬低自己；

第五，赞同准则：尽量减少双方的分歧，尽量增加双方的一致；

第六，同情准则：尽量减少双方的反感，尽量增加双方的同情。

由此可见，利奇的礼貌原则是建立在"吃亏"和"受益"这两个基础概念之上的，可以概括为"使自己受益最小，使他人受益最大；使自身受损最大，使他人受损最小"。然而，礼貌原则中各个准则的重要性是不尽相同的，取决于以言行事的类型。

在交际过程中，各准则之间可能会产生冲突。一方面，遵守其中某个准则的同时可能会违背另一个准则，这是礼貌原则的准则的冲突；另一方面，礼貌原则的准则可能会与合作原则的准则产生冲突。一般情况下，当冲突发生时，说话人应该优先考虑前者。因为会话的合作原则在会话中起着调节说话人说话内容的作用，使得说话人能够假设在对方乐于合作的前提下进行交际。但礼貌原则的作用则是维护交谈双方的均等地位和他们之间的友好关系，具有更高一层的调节作用，是有效交际的大前提，所以可以牺牲合作原则下的准则而维护礼貌原则。而只有在某些交际双方把信息的交流视为最高目标的合作性交际活动时，礼貌原则才可以让位于合作原则的各项准则。

后来，利奇又把原来的礼貌原则发展为宏大礼貌策略：为了礼貌，说话人会以明示或暗示的方式，要么给和听话人有关的意义赋予正面价值，要么给和说话人自己有关的意义赋予负面价值。

如合作原则是其下各准则的总则一样，宏大礼貌策略是上述礼貌诸准则的总括，从内容上包含了各准则所表达的信息。采取宏大礼貌策略，有利于说话人尽量不冒犯听话人。利奇强调，因为语用学关注的是交际行为，所以对于礼貌的语用学研究来讲，语言使用者的心理动机不属于考察范畴。在《礼貌语用学》一书中，利奇把原来的六个准则增加到了十个，并强调这十个准则是上面谈到的宏大礼貌策略的组成部分。新提出的十个准则在内容和表述方面都有改变，宏大礼貌策略的构成准则如表4-1所示。

表4-1　宏大礼貌策略的构成准则

准则（用祈使句表达）	项目相关的一对准则	准则名称	典型的言语事件类型
多考虑听话人的需求	慷慨、得体	慷慨	承诺类
少考虑说话人的需求		得体	指令类
较高评价听话人的素质	赞誉、谦逊	赞誉	赞扬
较低评价说话人的素质		谦逊	自贬
强化说话人对听话人的义务	义务	义务（说话人之于听话人）	道歉、感谢
弱化听话人对说话人的义务		义务（听话人之于说话人）	对感谢和道歉的回应
较高评价听话人的观点	观点	一致	同意或者不同意
较低评价说话人的观点		观点保留	观点表达
多考虑听话人的情感	情感	同情	祝贺及怜悯
少考虑说话人的情感		情感保留	抑制情感表达

这些构成准则中排序为奇数的是指向听话人的，也被称作积极礼貌准则，为了区别于布朗和列文森的积极礼貌，利奇把它称作 pos-politeness；排序为偶数的是指向说话人的，被称作消极礼貌准则，英文表达为 neg-politeness，区别于布朗和列文森的消极礼貌。利奇对每一条准则都辅以例子做了详细的解释，书中还用到了多个汉语的例子。这里宏大礼貌策略及其构成准则实质上是指导人们说话的策略，使人们说出的话更具适切性，更易于使听话人接受。

第一，多考虑听话人的需求（慷慨准则）。简单来讲，慷慨准则就是当话语内容有利于听话人时，要使用更加直接的话语，甚至使用带有强加性的语气，如邀请、给予等。

　　你下次一定来啊。不准说不啊！
　　来，来，来，喝杯茶！
　　别，别，别，这回我买单！别和我抢！

第二，少考虑说话人自己的需求（得体准则）。与慷慨准则相反，当话语内容有利于说话人时，比如请求等，一般要使用间接的、试探性的表达，给听话人表达拒绝和相反意见留出空间，同时尽可能减少对听话人的强加。在汉语中，请求行为常会使用以语气词"吧"结尾的疑问句，或以"好吗？""行不行？"等结尾的反义疑问句，或者由"能不能"构成一般疑问句等。

　　你一会儿去吃饭帮我拿一下快递吧？
　　你能不能帮我团一下呀？就在美团。

第三，较高评价听话人的素质（赞誉准则）。对听话人的行为或具备的素质要毫不吝啬地给予赞扬，这也是一条礼貌准则，下面这些也是日常言语交际中常见的例子。

　　太好吃了！你的厨艺和大饭店厨师有得比了！
　　很荣幸邀请到在×领域做出杰出贡献的×教授来给我们做报告。

其实这一准则也适用于与听话人有亲密关系的人，例如：

　　你家女儿真漂亮！

第四，较低评价说话人自己的素质（谦逊准则）。当说话人谈及与自己的素质相关的内容时，要尽量突出自己的不足，避开自己的长处，这样被认为是礼貌的，例如：

我太笨了，这么简单的问题还想了半天！

另外，对交际对方所给予的赞扬，可以用几种不同的方式进行回应。第一种是同样用赞扬作为回应（例一）；第二种是表达感谢（例二）；第三种是避开自己被赞扬的相关话题（例三）；第四种是降低被赞扬的方面的价值（例四）；在汉语和日语中还有一种常见的对交际对方给予的赞扬表示不同意甚至相反的意见（例五）；另外，还可以把获得的赞扬归功于外因，或归为集体的荣誉，而非个体努力的结果（例六）。

例一：

甲：你这件上衣真漂亮！
乙：女儿给买的，你这件裙子也挺有范儿的。

例二：

甲：你的字写得挺好。
乙：谢谢，就那样吧。

例三：

甲：你今天好精神啊！
乙：你这是去哪儿啊？

例四：

甲：你这鞋一看就舒服。
乙：打折时买的，便宜。

例五：

甲：你讲话讲得真好！

乙：哪儿有啊，我现在越来越懒，提前都没准备，语无伦次的。

例六：

感谢领导给了我很多比赛锻炼的机会，感谢教练为我付出的汗水，感谢中国乒乓队这个光荣的集体。

第五，强调说话人对听话人的义务（说话人对听话人的义务准则）。这一准则主要表现在道歉和致谢两种言语行为上。从语言表达上看，当说话人表达对听话人的歉意或谢意时，通常使用一些诸如"太""实在是""非常"等表示程度加强的副词，以强调说话人对听话人的义务。例如：

实在是太对不起了，我来迟了！
万分感谢啊！您可是帮了我大忙了！

第六，弱化听话人对说话人自己的义务（听话人对说话人的义务准则）。这一准则主要是指对上述道歉和致谢两种行为的回应。当交际对方对自己表达歉意或谢意时，作为回应，在语言上通常使用一些诸如"没关系""没事儿""不麻烦"等表达方式来尽可能弱化对方的义务。例如：

例一：

甲：真对不起啊，我今天又忘记带钱了，明天还你啊！
乙：没关系，不急。

例二：

甲：今天多亏碰见你了，不然我连家也回不了了，太谢谢你了，给你添这么多麻烦。
乙：千万别客气，一点儿也不麻烦，一脚油门儿的事儿。

如上面例子所示，例一中"没关系"之后的"不急"进一步弱化了甲的愧疚感；例二中"别客气"前面加的"千万"二字以及"不麻烦"前面的"一点儿也"都起到了弱化自己的付出的作用，话语末尾的"一脚油门儿的事儿"更是为之前的"一点儿也不麻烦"提供了有力解释，这些语言手段都起到了弱化听话人对说话人的义务的作用。

第七，较高评价听话人的观点（一致准则）。当对别人的观点或判断作出回应时，表示赞同是优先的回应方式，而且常会通过使用一些程度副词或者是具有更强色彩的形容词或其他表达方式来提高赞同的程度，利奇认为这也是提高礼貌程度的方式，相反如果是降低赞同的程度，则会显得不礼貌。例如：

> 甲：这部电影不错。
> 乙1：是的，太棒了，很值得一看。（礼貌）
> 乙2：只能说还行吧。（不礼貌）

相反，如果不同意交际对方的观点，或者和其观点不一致，这是非优先的回应。非优先的回应前面一般会出现话语的延迟（包括回应时间上的滞后，或者使用如英语中的"well"，汉语中的"嗯"等小品词等），同时，表达不赞同或与交际对方不一致的观点时，通常会采用间接、委婉、含蓄的表达方式，如果直接表示不同意或不赞成则会给人一种不礼貌的感觉。例如：

> 甲：当个老师多好啊！
> 乙1：噢，有两个假期，可是假期还得备课、写论文、申请项目，也闲不了。（礼貌）
> 乙2：好什么好，一点儿也不好。（不礼貌）

第八，较低评价说话人自己的观点（观点保留准则）。与一致准则相对应，当说话人要表达自己的观点或作出判断时，常会通过使用模糊限制语等手段来减弱表达观点时的强硬度，或者采用询问交际对方的方式，这样表现出对对方的智慧、经验等方面的尊重。过度强调自身观点的准确性或重要性被认为是不礼貌的。所以，不轻易表达观点或有所保留地表达自己的观点是一条礼貌准则。例如：

> 我觉得这个吃着还行，你尝尝咋样。

上面例句中的"我觉得"属于模糊限制语，把观点限定为个人的主观体验，同时话语末尾的"你尝尝咋样"也体现了对交际对方观点的尊重。

第九，多考虑听话人的情感（同情准则）。当被告知与交际对方相关的喜悦的事情时，要毫不吝啬地表示祝贺；相反，当被告知与交际对方相关的悲伤的事情时，也要表示感同身受，及时给予安慰，这是礼貌的表现，而且采用较强的语气可以提高礼貌的程度。例如：

> 衷心祝贺啊！
>
> 得知令尊仙逝，深感万分悲痛，还望节哀顺变。

第十，少考虑说话人自己的情感（情感保留准则）。说话人主动把自己的情感直接传达给交际对方被认为是不礼貌的行为。人们很少主动把自己高兴或伤心的事情直接告诉对方。相对于别人察觉然后给予关心，自己宣布是一个非优先行为。所以在日常交际中人们很少自己说"我今天很高兴"或"我今天很伤心"，一般是被他人先注意到并被问及才会作出相应反应。例如：

> 甲：你怎么了？满脸的不高兴。
>
> 乙：没什么。
>
> 甲：来，给我说说，我听听，值不值得你不高兴。
>
> 乙：（叙述缘由）。

五、汉语交际文化中的礼貌原则研究

最早将礼貌原则引进国内的学者是刘润清，他详细介绍了礼貌原则及其准则。此后，何自然、何兆熊也各自对礼貌原则进行了评介。徐盛桓对礼貌原则进行了比较深入的探讨，提出对国外礼貌原则的批评并进行修正，而最早进行汉语礼貌原则探索的是顾曰国。在汉语研究领域，顾曰国结合汉语文化，仿照利奇的礼貌原则和准则，提出了汉语的礼貌原则。钱冠连、索振羽等也分别依据汉语文化的特点，提出了基于汉语的语用原则或礼貌原则。

顾曰国根据中国的历史文化背景和中国人日常交际的特点，提出了汉语文化交流中的四个礼貌特征，即尊重、谦逊、文雅、态度热情。同时，他借鉴利奇的礼貌原则，结合汉语礼貌的实际，提出了汉语的礼貌原则，包括：①贬己尊人准则：指自己或与自己有关的事物时要贬，指听话者或与听话者有关的事物时要尊，这是中国式礼貌的突出特点；②称呼准则：要考虑对方的身份、地位、性别以及亲疏关系等，用准确、恰当的称谓称呼对方；③文雅准则：出言高雅，彬彬有礼，运用雅言、委婉的语言表达，禁用秽语，避免直接提及使人不愉快或难堪的事；④求同准则：尽量减少表达与对方观点、情感上的不一致，力求和谐一致的效果；⑤德、言、行准则：在行为动机上减少别人的代价，增大对别人的益处，而在言语上尽量夸大别人给自己的好处，少说自己付出的代价。

索振羽指出，利奇的礼貌原则中的五个准则基本上适用于汉语文化，但汉语交际中还要增加一个"恰当的称呼准则"。在不同语境下，遵循这些准则与他人进行言语交际，能收到较好的效果。索振羽提出礼貌准则、幽默准则、克制准则。其中礼貌准则包括慷慨、称赞、谦虚、赞同、同情以及恰当的称呼这六个准则；幽默准则包括岔断、倒置、转移、干涉、降格、升格这六个准则；克制准则根据语境的不同在程度上有差异。

钱冠连对国外有关言语行为的合作原则与礼貌原则理论持否定意见，试图建立一种基于汉语文化特点的语用原则。他认为只需要两个原则就可以实现语用学对言语交际的管制：目的—意图原则和相关原则。有了交际的总目的，人们在说话时就会将目的分解成一个个的说话意图贯彻到话语中去，交际就能顺利进行，否则真正意义上的交际就无法开展。但是他没有对相关原则展开讨论，只是说，有了意图，说出的话才可能产生最佳相关效果。另外，他还提出了语用策略，除了带全局性的得体策略，他按汉语文化的实际情况罗列了十一种语用策略，以保证语用策略的描写性质：谢绝夸奖、虚抑实扬的恭维、把对方当第三者、把自己当第三者、借第三者的口说出自己的意见、多种言语行为与礼貌策略相伴、运用权威、回避、表面一致而事实否定、以言代行的答复，等等。但他还指出，释放假信息、适当使用冗余信息、容忍语用失误也都属于语用策略。

第五章　语言建构与运用
——以现代文教学为例

语言建构与运用是学生在丰富的语言实践中，通过主动积累、梳理和整合，逐步掌握祖国语言文字特点及其运用规律，形成个体的言语经验，在具体的语言情境中正确有效地运用祖国语言文字进行交流沟通的能力。

语言建构与运用是语文核心素养的重要组成部分，属于语文素养整体结构的基础层面。学生语文运用能力的形成、思维品质与审美品质的发展、文化的传承，都是以语言的建构与运用为基础，并在学生个体言语经验的建构过程中得以实现的。学生语言建构与运用的水平是其语文素养的重要表征之一。

在理解、分析和评价具体语言作品的过程中，学生能积累较为丰富的语言材料和言语活动经验，形成良好的语感，从而增强学生的"代入感"。帮助学生在积累的语言材料间建立有机联系，能提升学生的"获得感"，将学生在课内课外获得的语言材料整合成有机的系统，实现个性化发展，从而让学生获得"成就感"。

第一节　"语言建构与运用"素养
与现代文教学

一、核心概念

（一）"语言建构与运用"素养

1.语言建构

所谓"语言建构"，其基本内涵是按照语言内部系统来建构话语——用词汇构成句子，用句子构成段落和篇章。其实质就是选择词语并进行组合，用于口语或书面表达。而我们知道，在语言组合和表达能力的形成方面，语感起主要作用。叶圣陶先生就曾指出，语言文字的训练，"最要紧"的是训练语感。吕叔湘先生也指出，语文教学的"首要任务"是培养学生的语感。有了语感，组织语言时才能思如泉涌，一气呵成；缺乏语感，组织语言时就会思绪混乱，毫无章法。

那么，如何培养学生的语感呢？可以从感性培养和理性培养两个方面入手。

（1）通过大量诵读积累语感

从感性方面来说，语感可以靠大量诵读和长期积累形成。这种大量诵读、积累能对人的语言表达起到潜移默化的作用，当他言谈或者写作时，语言出于口，落于笔，就会自然流出。正如苏辙在《上枢密韩太尉书》中谈到孟子和司马迁的写作能力时说："此二子者，岂尝执笔学为如此之文哉？其气充乎其中而溢乎其貌，动乎其言而见乎其文，而不自知也。"然而我们现在的语文课堂，大量的讲解和分析充斥其中，学生的诵读和积累早已荒废，这是学生语感或者说语言建构能力得不到有效培养的主要原因。

诵读分为无意识诵读和有意识诵读，无意识诵读就好像孩童早期朗读一样，只要长期坚持，大量积累，就有利于语感的形成。当然，有意识地诵读更有利于语感的培养，这种诵读特别强调要带着"情感"走进文本，理解内容，想象画面，揣摩心理，在诵读时做到由口入心，多感官融合，使自己和文本产生情感共鸣。长期这样反复诵读，学生感知、理解、欣赏语言的能力就会逐步形成。例如，《葡萄月令》原文中有这样一段：

　　　　葡萄抽条，丝毫不知节制，它简直是瞎长！几天工夫，就抽出好长的一截的新条。这样长法还行呀，还结不结果呀？因此，过几天就得给它打一次条。葡萄打条，也用不着什么技巧，是个人就能干，拿起树剪，劈劈啪啪，把新抽出来的一截都给它铰了就得了。一铰，一地的长着新叶的条。
　　　　……卷须这东西最耗养分，——凡是作物，都是优先把养分输送到顶端，因此，长出来就给它掐了，长出来就给它掐了。

　　这段话初读起来好像没有什么情感，有的似乎就是对葡萄的厌恶，但是如果引导学生慢慢诵读，细细品味，"厌恶"的背后却是对葡萄满满的喜爱。"这样长法还行呀，还结不结果呀"，充满了对葡萄只会疯狂抽条的着急和焦躁，展示了一种孩童般的天真、烂漫、直率；正因为内心着急和焦躁，所以"拿起树剪，劈劈啪啪"，本来完全可以不要这个"劈劈啪啪"的拟声词，但是通过这个拟声词，我们仿佛看到了作者剪掉葡萄条时动作的敏捷、内心的畅快。"一铰，一地的长着新叶的条"，此句看似多余，其实写出了作者铰完新条之后内心的喜悦和欣慰，因为葡萄的养分终于不会被浪费了。"长出来就给它掐了，长出来就给它掐了"，表达的情感和上文一脉相承，简单的言语重复背后，是生怕葡萄浪费养分的焦急和不保护好葡萄誓不罢休的执着，而越是焦急和执着，越能表达出作者对葡萄生长的爱护和多结果实的期盼。
　　这样引导学生一边诵读一边体会情感，体会情感后再纠正、改变自己的诵读方式，使诵读更切合文本言语和情感。在不断的诵读、品味中，学生的语言文字鉴赏能力逐渐增强，语感慢慢产生。当语感积累到一定程度时，再读这样的作品，内心的欣赏之情就会油然而生。这样，诵读催生了语感，语感反过来又加深了学生对文本的理解，使学生形成更强的语言感悟能力。
　　（2）理解言语形式，增强语感
　　从语感的理性培养上说，仅仅靠有感情的诵读和积累还不够，还要从理性上理解文章"言语表达形式的艺术"，在分析、理解、欣赏言语形式的基础上，再进行必要的积累、内化，这样才能更有效地增强语感。因此，教师要改变以往在课堂上过多分析、讲解文本内容的教学方式，注重对文本的品味、探究，揭示文本运用的奥秘，提高学生理性分析文本的能力。
　　例如，《一滴眼泪换一滴水》，这篇文章从内容上看没有多少教学价值，因为文章写的就是加西莫多受了鞭刑，在众人的嘲笑、辱骂声中三次要水喝，就在众人嘲笑他时，被他伤害的爱斯梅拉达却勇敢地走上刑台送水给他，这让加西莫多感动得生平第一次流下眼泪，也让众人拍手叫好。

如果从言语形式入手教学，则能使学生由衷感叹文章构思行文独具匠心。例如，我们可以设置这样的问题来引发学生思考：加西莫多从来不流泪，这一次为什么流泪了？（学生回答"因为感动"）加西莫多是一个非常单纯、迟钝的人，他为什么会被感动？文本是如何描写他的这种"感动"的？学生在讨论中可以发现，这种感动的力量是在层层铺垫、层层蓄势、强烈对比中形成的。第一层蓄势指比埃拉实施鞭刑的沉醉、愤怒，突出了他的残忍和冷酷无情，这是对加西莫多身体上的伤害。第二层蓄势指围观人的嘲笑、叫喊、辱骂，突出了他们的无聊、麻木、愚昧、无知，也突出了他们对加西莫多的厌恶和鄙视，这是对加西莫多心灵上的伤害。第三层蓄势指副主教克洛德的走近和逃避，突出了加西莫多最亲近之人的虚伪、无情，浇灭了加西莫多最后一点求助的希望。第四层蓄势指加西莫多在刑台上渴到极点（三次要水），狼狈到极点，令人害怕到极点。

就在加西莫多失望、悲哀到极点，以为不可能有人上台时，最不可能的、最柔弱美丽的、加西莫多最不敢相信的人上来了，她"一言不发""温柔""微笑着"给他喂水，在前面层层蓄势的"极丑"的映衬下，爱斯梅拉达的"最美"是多么的可贵、难得、耀眼、夺目，强烈的美丑反差、善恶对比在瞬间碰撞，炽热的情感感染了人们，毫不费力地融化了人们内心的坚冰，于是人性复苏了，加西莫多流泪了，群众鼓掌了。

这样理解，我们就会突然明白，《一滴眼泪换一滴水》好像写得非常散乱，其实都是为情节发展、人物刻画蓄势的，是精心构思、巧妙安排的，故事发展是水到渠成、合情合理的。不少人读完这篇文章，认为加西莫多的流泪有些矫情，群众的转变有些突然，这都是因为没有对文本进行深入的体会和思考。

如果这样引导学生赏读、品味文章，学生会产生扣住言语形式走进文本深处、窥见言语表达奥秘的喜悦感和成就感，学生的语言感受能力、鉴赏能力都能得到丰富和提升。于是又促使学生更喜欢文本阅读和鉴赏，如此循环，学生的语感就能得到增强。

2.语言运用

所谓"语言运用"，是指在一定的情境中运用语言进行表达、交流、写作的行为。语言的建构是为了运用，语言的运用又促进了语言的进一步建构，所以"建构"和"运用"是相辅相成、相互促进的。就语文课堂教学而言，如何在传统课堂教学转型过程中更好地"运用"语言呢？可从以下两方面着手：一是要营造语言运用的真实情境，二是要组织学生参与语言实践活动。教师要尽量减少低效分析、讲解的时间，精心设计实践活动，把课堂学习和生活实践联系起来，让学生多动口，在丰富多彩的言语运用、训练实践中积累言语经验，把握语言文字的运用特点和运用规律，加深学生对语言文字的理解，从而提升学生的语言文字运用能力。"语言运用"要注意以下几点。

（1）重视言语表达能力的训练

教师在教学中要秉持"多读、多说、多写"的指导思想，这样在教学中就能创造性地设计训练环节。例如，《神的一滴》这篇文章，肖培东老师是这样进行教学的。

肖老师先用 10 分钟的时间组织多个学生朗读全文，朗读过程中不断纠正读错的字音和字词，启发学生朗读文章要语速平缓，静下心来品味瓦尔登湖的美。接下来，在分析文本内容时，肖老师没有以常规的"问题驱动、学生讨论、师生对话"的方式展开，而是设计了六个"语言表达"的环节。

第一步，要求学生读了这篇文章后给瓦尔登湖写一段宣传语，且必须用文章中直接描写瓦尔登湖湖光山色的句子来做宣传语，而且要用"来吧，……"的形式。学生从文中找出不少充满诗情画意的句子来设计宣传语，老师则简单地询问学生为什么选用这一句，启发学生说出选用的句子美在哪里。

第二步，启发学生："瓦尔登湖是如此美，如此有生命力，如此茂盛，如此温和，如此宁静。那同学们，如果再换一下，用梭罗来过瓦尔登湖以后的自我感受做宣传语，用'来吧，到了瓦尔登湖，我会……'的句式，你会找到哪些句子？"在学生回答问题的过程中，老师仍然引导学生说出对这些句子的理解和选用这些句子的原因。

第三步，仍然用"来吧，瓦尔登湖……"的句式，用现代文明的特征作反衬，呼唤大家来瓦尔登湖，会选择哪些句子做宣传语，并说说选取这些句子的原因。

第四步，启发学生："现代工业文明对自然生态的破坏，使得我们大家向往、寻找瓦尔登湖。现在这个社会，除了现代工业文明的破坏，还有其他的破坏。那如果梭罗生活在当下，他很可能会怎么说？请仍然以'来吧，瓦尔登湖……'这种形式进行表达。"

第五步，以"来吧，瓦尔登湖……"的形式，用概括性的短句写瓦尔登湖的宣传语。

第六步，用两个字来完成对瓦尔登湖的总体评价，学生纷纷答出"纯净""美丽""安静""惬意"等众多词语，老师把所有的这些评价总结成四个字，就是"神的一滴"。

肖老师的这六步设计非常巧妙。采用言语训练的方式锻炼了学生的言语选择、整合、组织、表达能力，而言语训练的过程，其实是对文本内容、作者情感、语句意蕴的认识不断深化的过程，这就将言语能力训练和文本内容理解完美交融，将语言表达能力、思维整合能力、审美鉴赏能力的培养完美交融，学生既在大量的言语运用实践中锻炼了语言运用能力，也完成了对文本内容、表达艺术的进一步探索。

（2）重视课内写作能力的训练

写作能力无疑是语言运用的核心能力，对于教材文本中蕴藏意蕴或美感的个性化语言，教师不仅要引导学生深入其中，进行感悟，还要让学生对其言语形式进行品鉴与揣摩，然后进行练写，在练写中感悟表达艺术，从而帮助学生掌握语言运用规律。

依文练写形式多样，可以根据文境仿写、扩写、续写、补写、改写，或根据文境写人物颁奖词、祝福语、主持词、楹联、内容提要，等等。需要注意的是，应将练写自然融入文本学习中，让练写服务于教学，服务于文本理解，不可为了练写而练写，导致练写脱离文本内容。

依文仿写。钱锺书的《论快乐》中有一段："快乐在人生里，好比引诱小孩子吃药的方糖，更像跑狗场里引诱狗赛跑的电兔子。几分钟或者几天的快乐赚我们活了一世，忍受着许多痛苦。"这段话主要围绕"快乐"进行叙述，且阐明了"快乐"和"痛苦"的辩证关系，如果仅仅让学生阅读，几乎没有学生会对其内涵和辩证关系留下深刻印象，因此有必要引导学生进行仿写，深化学生对"快乐"内涵的理解。有学生是这样写的："快乐在人生里，好比闷热了好几天才迎来的一场大雨，更像用几个钟头绞尽脑汁终于想出解法的数学题。难过的时间总是比快乐的时间多，不经历风雨想要看到彩虹是不实际的，正如'痛快'一词，体会了痛苦，才能享受快乐。"这样的仿写形神兼备，能促进学生加深对文本的理解。

依文续写。例如，曹勇军老师教学《最后的常春藤叶》时，设计了一道预习思考题："依据课文，展开想象，写一段文字，描写贝尔曼那天夜里画常春藤叶的场景。"并提出具体要求："第一要依据课文，第二要展开想象，第三要注意运用细节描写。"这是一道为文本补白的读写题。然后，曹老师要求大家分组交流事先写好的片段。对比自己写的，加以修改。这是一个学习成果交流展示的过程。最后，曹老师又导出一个假设性问题："假如欧·亨利把我们想象的这个片段写到小说里去，你们觉得好不好？为什么？"这样，既锻炼了学生的想象能力、表达能力，也能帮助学生理解"欧·亨利式结尾"的特点和妙处。

依文抒情。例如，请学生为鲁迅小说《祝福》的主人公祥林嫂写一篇祝福语，150字左右。有的学生这样写："低眉顺眼，让你赢得了主人家的好感，逆来顺受却给你带来一生的悲剧。或许在最后的祝福之夜，你的灵魂匆匆回望一生时会发现，黑暗的世界也许强迫你做别人的仆人，但你始终可以做自己内心的主人。与其在别人褒贬不一的评价中夹缝求生，倒不如昂起头来，走自己的路，自在一生。愿来生，'祝福'一词，对你而言不再是一种奢望，而是一个自由人对未来的真正的憧憬和希望。"这一段话，既使学生加深了对文本内容的理解，又引导学生更深层次地探究祥林嫂悲剧产生的原因。

语言建构是语言运用的前提，而语言运用是语言建构的重要形式，两者密不可分。在现代文教学过程中，"语言建构与运用"核心素养贯穿整个过程，它是学生学好语文的重要基础。

《普通高中语文课程标准》（2017 年版 2022 年修订）中明确提出："语言建构与运用是指学生在丰富的语言实践中，通过主动的积累、梳理和整合，逐步掌握祖国语言文字特点及其运用规律，形成个体言语经验，发展在具体语言情境中正确有效地运用祖国语言文字进行交流沟通的能力。"这段文字的含义明确说明学习汉语的一个重要途径是在课堂上多做听、说、读、写等语言练习。把"一本书读一百遍才有意义"这种含糊的语言感官学习方式提升到更深刻的认知过程中去。此外，它还强调了语文学习目标，要求在某些语言情况下，在教学过程中，要充分、高效地运用上下文，而不能机械地传授。

要从几个方面来看待语言建构与运用这一核心素养。"语言建构与运用"出自语文核心素养，其中"核心素养"是外来语，由经济合作与发展组织在本世纪初提出。欧盟的基本核心素养框架包括文化意识和表达，主动性和创造性，社会和公民素养，学会学习，数字素养，数学和技术素养，外语交流和母语交流等内容。欧盟的基本核心素养框架显示，他们关注的是"学会学习"，主要是为了实现终身学习的目的。也有其他国家，其中最具代表性的是美国，对核心素养的解释有自己的独到之处。美国基本核心素养框架包括生活和职业素养、信息素养、媒体和技术素养，以及学习和创新素养。这三个领域的重点是学生在以后的生活和学习中需要掌握的知识和技能。其中关键能力以传统技能提高为基础，并超越传统技能，帮助学生适应时代的发展和需求。由于各个国家政治制度和政治理念不同，在不同时期、不同的历史阶段，对核心素养的界定也不一样。

综上所述，学生的语言建构与运用是语文核心素养的基础，在语文课程中，学生的思维发展与提升、审美鉴赏与创造、文化传承与理解，都是以语言建构与运用为基础的，并在学生积累个体言语经验的过程中得以实现。因此，学生要想形成语言技能，需要具备一定的语言运用能力，才能有效地将语言应用到生活中去。在特定的语言环境中发展和完善自己的思维，从而发展自己的审美感知能力和创造能力，并努力实现文化的传承。

（二）现代文与现代文教学

1.现代文

现代文是历史发展的产物，是时代发展的必然结果，也是伟大的创造。1955 年，国务院在一次学术会议上明确表示，汉语应以北京语音为标准音，以北方方言和示范性的现代民间语言为语法规范。中国语言的规范，在形式上被设定为以根据现代语言定义的语言为基础，作为文本的表达。在这里面，现代文囊括了现当代文学以及外国文学。

2.现代文教学

阅读教学中包括古诗词教学和现代文教学。本部分侧重于高中现代文教学。教师在现代文教学中应引导学生主动、深入地研读文本，了解其中的内涵。在学习过程中，要注重学生独特的感受、体验和理解，让学生获得丰富的情感体验，从而培养他们的阅读能力。现代文阅读的五个特点是：稳定性、速度性、思维意象性、全面性和感知性。

左延慧认为，学生是学习活动的主体，而教师是组织者和领导者。今天，为了设计有效的文本教学方案，我们需要践行"少教多学"的理念，主张现代文本教学应以"少教"和"多学"为主，让学生主动阅读文本。现代文教学应从以下几个方面入手：转变教育观念，培养学生的自主阅读能力，促进文化知识的开发和语言技能的提升，使教师的教学更轻松，学生的学习更愉快。因此，本章将"语言建构与运用"核心素养渗透在现代文阅读教学中，以基本素养的要求指导教学实践，在发展学生核心素养的过程中逐步体现其核心理念。

二、两者的关系

（一）"语言建构与运用"素养为现代文教学指明方向

《普通高中语文课程标准（2017 年版 2020 年修订）》中指出："语文学科核心素养的四个方面是一个整体。""语言建构与运用是语文学科核心素养的基础，在语文课程中，学生的思维发展与提升、审美鉴赏与创造、文化传承与理解，都是以语言的建构与运用为基础，并在学生个体言语经验发展过程中得以实现的。"在核心素养的指引下，语文教师需要深入反思和总结当前的教学理念、教学目标，做好教学反思，以便在新时代背景下做好教学工作，满足不同学生的发展需求。

（二）现代文教学是发展"语言建构与运用"素养的重要手段

高效的现代文教学需要以一定的理论基础为支撑。现代文阅读教学有利于传承语言文化，是提高学生基础识字能力的重要方式。实践决定认识，只有在实际的教学过程中帮助学生形成语言思维逻辑，才实现现代文阅读教学课程的价值。因此，在进行现代文阅读教学时应贯彻"语言建构与运用"核心素养理念，以它为向导，在实施基本核心素养的过程中逐步体现其理念的本质及要求。

三、研究依据及研究的意义

（一）研究依据

1.符合新课程标准的要求
新课程标准如表 5-1 所示。

表 5-1 新课程标准

核心素养	课程目标		
语言建构与运用	语言积累与建构	语言表达与交流	语言梳理与整合
思维发展与提升	增强形象思维能力	发展逻辑思维	提升思维品质
审美鉴赏与创造	增强美感体验	鉴赏文学作品	美的表达与创造
文化传承与理解	传承中华文化	理解多样文化	关注参与当代文化

从上表可以看出，语言的建构与应用在学生的核心能力中居于首位，而核心素养能力的培养则是以语言为起点的。语言是思维发展、审美发展和文化发展的载体，因此语言的学习过程就是思维的发展、审美的提高、文化的吸收过程。语言建构的过程并不局限于思维的锻炼和思想的创造，还包括来自文化的审美能力的提高。语言建构与运用核心素养的课程目标包括语言积累与建构、语言表达与交流、语言梳理与整合。

因此，可以说，在现代语言教学中，语言的建构和运用是现代语言学习的起点和终点。当学生感到学习语言有困难时，往往是他们现有的知识基础不能支持新实践的时候。例如，分解句子困难的原因在于学生在阅读和理解文学作品时发现很难建构起其中的意义。意义的建构基于语言的建构，当学生熟悉了语言中的造句规则，他们才可能熟练地使用语言——语文教学中文章意义的建构，离不开语言的建构和应用，这就是语文课程的核心价值。

2.符合学生的学习情况

建构主义是以学生为中心，以探究为导向的学习方式，能重构学生的知识观和学习观念。建构主义是以探究为基础，以学习者为主体的学习方式，重构知识观、教学观和学习观，以学习者已有的体验为基础，运用情境、协商、合作等方式，培养学习者的主体性建构能力。随着高中生认知能力从抽象思维逐渐转变为逻辑思维，他们的语言建构能力有了一定的提高，可以在头脑中建构自己的语言知识。

学生在高中阶段已对所学知识有了新的认知，因此把核心素养理念渗透在现代文教学中是可行的。教师在进行教学设计时首先要注重对学生实际情况的考察，结合他们自身的学情，了解他们的知识掌握情况，运用好最近发展区，发挥他们的语言潜能，从培养语感，到培养理性思维，再到提高他们的语言运用能力。

3.与当今社会提倡的教育理念相契合

当今时代提倡素质教育，提倡促进人的全面发展。当然，贯彻这种教育理念是一个需要长期为之努力奋斗的过程。"语言建构与运用"核心素养的提出，满足了素质教育的要求，有利于贯彻素质教育理念。现代化教育是一种主观类型的教育。它肯定并充分尊重人的主体地位，积极发扬人的主体性，调动并发挥受教育主体的主动性，使外在的教育转化为主体内在的主动性。主体性概念的核心在于充分尊重每个受教育者的主体地位，以"学习"为中心来开展"教学"，最大限度地激发学习者的内在潜力和学习动力，使他们从被动接受的对象转变为主动的主体。

教育要想成为一种自主和自觉的活动，最终成为学习者的自我建构过程，必须从"以教师为中心、以教材为中心、以课堂为中心"转变为"以学生为中心、以活动为中心、以实践为中心"，倡导自主、快乐、成功、研究性学习等新型的主题教育模式，激发学生的学习热情，培养学生的学习兴趣和学习习惯，提高学生的学习能力，让学生主动地去学习。

"语言建构与运用"核心素养是新课程标准要求的最基本素养，是其他核心素养的基础。教师在现代文教学中融入核心素养理念，符合新时代的要求。通过现代文学习，可以提升学生的语言能力，发展学生的"语言建构与运用"核心素养。

（二）研究的意义

1.有利于提高学生语言表达能力

现代文阅读是一种个体化的、双向的活动。教师要引导学生进行有深度的、恰当的探究，重视学生在探索中的独特感受和体验，以促进学生的情感体验和理性思维的全面发展。在此基础上，教师还应指导学生以恰当的方法深入地研究文本，让他们获得良好的情感体验，发展他们的理性思考能力，从而让他们养成良好的阅读习惯。

学生语言表达能力既可以是口语表达能力，也可以是书面语表达能力。在现代文教学中发展学生的"语言建构与运用"核心素养，可以锻炼学生的观察和思考能力。在书面表达能力中，观察和思考能力是基本要求。学生在学习过程中主动获取信息，并把这些信息用恰当的方式表达出来的过程就叫观察和思考。把这一核心素养融汇到现代文教学中有利于提高学生的语言运用能力。

把语言建构融入现代文教学可以培养学生的语感。语言是思想的外壳，是写作和表达能力的重要体现。语感的培养是指在日常生活和教学中让学生掌握语言结构的基本规律，从而帮助学生获得更好的语言表达效果。

2.有利于提升教师专业素养

教师是课程改革的关键，在一定程度上决定了课程改革的成败。现在社会越来越提倡以人为本的教育理念，越来越重视人的发展，我国的教育也开始重视"人"这一主体概念，特别是人的素养。《普通高中语文课程标准（2017 年版 2020 年修订）》首次提出语文教师要充分发挥语文课程的教学功能，要继承和发扬人文功能。新课程标准还指出，语言教学不仅是一种好方法，也是一种好的教学方式。语文教师既要注重语言的教育作用，又要注重其内在的价值。因此，语文教师必须具备深厚的语文基础、深厚的文化底蕴、深厚的语感、出色的思维能力，这样才能灵活地组织课堂教学，尽量通过多种教学模式将教学内容展现出来。这为教师的教学方法提供了更大的弹性，能让教师在不同范畴、不同层面上提供更多的教学内容，从而更好地满足学生发展的需要。

语文教师的专业素质是新课程标准实施质量的保障，对学生的发展起着关键作用。语文教师的专业性是指语文教师在整个语文教学过程中表现出来的所有品质，包括自身所拥有的语文专业素质和个人品质。教师的教学能力是教师素质的最直观体现。优秀的语文教师要有明确的教学思路，有连贯的教学环节，有良好的课堂控制能力，有开阔的视野和敏捷的思维能力，能快速地掌握学生的学习状况，并能根据自身的知识储备、教学经验、个性特长、兴趣爱好，形成自己的教学风格。

把"语言建构与运用"核心素养融入现代文教学中，要求教师有扎实的学识和良好的专业素质。在现代文阅读教学中，教师要牢牢把握尊重学生的主体性这一原则，提升自身的专业素养。由于每个学生都有其个体差异，教师在培养学生语言表达能力时要设定好问题的范围，对于提出的问题要加以引导。这些实践活动对语文教师的素质要求也越来越高。所以说教师按照新课程标准的规定把核心素养融入语文教学中也锻炼了教师的能力，提高了他们自身的业务技能。

3.有利于落实语文教育评价

吴钢指出，教育评价是在系统、全面收集、整理、分析教育信息的基础上，对教育的价值作出判断的过程，目的是提高教育质量、促进教育改革。语文教育评价是在学生语言学习的过程中，对其综合能力的一种判定。

新课程标准在学业水平质量方面要求学生丰富自己的语文知识，能对学过的各类语言材料进行归类，并且能主动将自己的积累用于语言理解和表达；能提取和概括主要信息，能区分事实和观点，分析各部分内容之间的关系，发现观点和材料之间的联系，并能利用获得的信息解决具体的实际问题；能把握作品的思想观点和情感倾向；能区分主要信息和次要信息，理解并准确概括其内容、观点和情感倾向等。

中学语文教学中，对现代文教学十分重视。例如，部编版高中语文教材中对《红楼梦》整本书的阅读教学。由于篇幅较长，教师在备课前要设定好课时数量，可以采用"通读整本书""略读其中的章节""精读文章的重要细节""研读其中的人物形象""共读分享体会"等阅读方法进行教学。学生可先对《红楼梦》有个大致的了解，在头脑中建构属于自己的逻辑思维。之后，教师可引导学生理解各个章节的内容，帮助学生明确故事的主线，理解人物形象，从而概括出《红楼梦》的具体内容。这种教学方式不仅能促使学生进行思考，还能在潜移默化中提高其语言表达能力。

第二节　在现代文教学中培养
"语言建构与运用"素养的策略

　　语文核心素养的概念不是一般的理论推导，而是"顶层设计"的产物。它是国家教育政策的体现，可以说是一种政治导向的理论成果。这一理念的设计也是基于近十年来课程改革所积累的经验，以及对现实中的一些关于该主题的共性问题、教育领域的反例以及对十多年来教学改革经验的总结、反思和改进；也有应对新形势下语文教学在新一轮教学改革中必须面对和解决的一些主要问题，其鲜明的问题特征促进了课程的理论创新。本节，笔者将从增加语言的积累量、建构语言知识体系以及培养语言运用能力三个方面出发，对培养"语言建构与运用"素养的策略进行探究。

一、记忆与读写并用，增加语言积累量

　　吴忠豪教授在《积累语言经验是学习语文的基础》一文中提到，语文课要有大量的表达训练，可通过大量的建构语言的实践去丰富学生的语言运用经验。语言经验还包括语感，语感是学生在大量的听、说、读、写的实践中形成的。长期以来，我们对语言积累的理解仅停留在多读、多记、多背上，相信量变可以引起质变，殊不知此方法造成学生只知死记硬背的现象十分严重。当然，对于字、词、句的运用有利于形成语言经验，为此，应加大对语言运用能力的培养，在训练语言的过程中记忆与读写并重，增加学生的语言积累量。

　　下面以李玉梅老师的《渔家傲·秋思》教学设计为例，进行简要说明。

　　此篇教学设计旨在让学生理解该词的思想感情，李老师为了加深学生对词的理解，设计了三个"读"的环节：读意象、读画面、读情感。课程开始时先展示了边塞生活的图片，让学生感受塞外风光，以此引入《渔家傲·秋思》。接着分析上阕所写之景，有秋雁、边声、千嶂、长烟落日和孤城，通过对景色的分析，让学生感受边塞风光。通过一个"异"字，我们可以感受到上阕描写的独特风景：向衡阳飞去的雁群，一点也没有停留之意；黄昏时分，风声、马、羌笛声、号角声此起彼伏；在连绵起伏的群山中，夕阳

西沉，烟雾缭绕，一座孤城的大门紧闭。这里学生可以从中读出词的意象。接着让学生"读画面"。边塞的风景"异"在地区和环境，它处于西北边境，在一个非常偏远和寒冷的环境中。"四面八方"的声音指的是边疆特有的声音，如暴风、号角、羌笛等边疆土地上的悲壮声音。最后让学生"读感情"。这些意象和画面的渲染，把学生引入凄凉萧瑟的场景中，更明白"浊酒一杯家万里"所寄托的感情，理解了作者的孤独。此时李老师又对本诗的写作背景进行了讲解，使学生更深刻地认识到范仲淹久戍边地的艰辛、思乡等复杂、矛盾的心理，加深了学生对词的理解。

（一）读写结合，培养语言习惯

为了改变现代文学教学中违反现代文学习规律和当今语文学习规律的诸多现象，需要从改变观念入手，从对现代文的基本认识开始。现代文对我们今天生活的影响是显而易见的。当我们谈到什么是现代文时，大多数人都是按文体来划分的，认为用白话文写的文章就是现代文。其中，小说、散文、诗歌和戏剧是现代文的重要内容。教师在教学中要加深学生对现代文的理解，培养他们阅读现代文的习惯，要从最基本的听、说、读、写入手，还要形成一种语文精神、语文意识。

1.在诵读中培养学生语感

新课程标准明确指出了掌握祖国语言文字运用的基本规律的重要性。要真正培养学生的语言技能，不仅需要教师正确引导，还需要学生积极配合。语文教学应以文本为基础，应让学生了解语言的内涵和形式，让学生学会怎样去表达。要想用恰当的语言来组织一个句子，就要用适当的方法来表达特定的含义。许多被选入教科书的句子都具有很强的美感，这可以从词语选用、句子停顿甚至标点符号的使用中看出来。例如，在一些叙事和写景的文本中，文中有许多动态的、令人回味的、细腻的词语。我们应该努力引导学生阅读，使学生的情感与作者的情感产生共鸣。

例如，唐代诗人贾岛在作《题李凝幽居》时，曾对"僧敲月下门"一句中用"推"还是用"敲"思索良久。"敲"是为了突出黑夜的宁静，并且一个"敲"字与上句中的"宿"字动静结合，读者能自然走进诗人描绘的画面中去。这则典故告诉我们，在语言教学中，要注意观察、领会文章中的词语，感受作者的语言技巧。

汉字是一种表意性的文字。文章中的每一句话都是作者内心深处的感悟，是读者窥探作者感情世界的一扇窗户。阅读文章时，字里行间传递的情感可能会触动学生心灵。

在教学过程中，我们可以将教学的重点放在特定的词汇上，让学生反复咀嚼，让他们体会词汇表达的情绪。正如《我与地坛》中"我活到最狂妄的年龄上忽地残废了双腿"，"忽地"一词形容事情来得突然，也暗地里表达了"我"面对巨大生活转折时的茫然无措。读者可以通过这个词感受作者当时的心情——犹如跌落万丈悬崖般痛苦。

2.以读促写，促进认知内化

现代文大多源于生活，是生活的真实写照。学生在阅读现代文时，可借助生活中的故事逐渐建构起自己的语言。讲解《红楼梦》时可通过展示一个个片段，让学生身临其境，感受贾宝玉、林黛玉等人物形象，并让学生想象如果自己是宝玉或者其中的某个人物，"你处在当时的环境中，你该如何去做"。

读书与写作是互为补充的，没有深厚的阅历，是写不出感人的故事的。阅读是基础，而写作则是扩展。也就是说，读书就是为了更好地写作，而写作的过程正是验证了读书的过程。通过阅读，学生不但可以丰富自己的知识，开阔自己的眼界，还可以提高自己的写作水平。

教师在培养学生的过程中，要注意两点。

一是培养学生的创造性思维。要做到这一点，就要让学生在阅读过程中深入了解文字、情感、词语、技巧等，并通过对这些方面的创造性迁移，增强他们进行创造性学习的能力，培养学生的创造性思维，引导学生把学到的知识运用到写作中。

二是在教学过程中要有计划性。写作是一种开放性的阅读活动，高中教师每学年的写作课应有固定的规划。例如，在设计《红楼梦》教学时，教师可采用以下形式帮助学生提高他们的读写能力，具体如表 5-2 所示。

表 5-2 读写能力相结合

读	写
*阅读"林黛玉进贾府"的场景片段，指导学生通过略读、精读等阅读方法完成此任务； *阅读林黛玉第一次进贾府的片段，感受人物出场时的内心活动； *读完此片段可展示有关图片、视频，加深学生对故事情节的理解。	通过书中林黛玉初进贾府时的所见所感，联想自己与某人第一次见面时的感受，刻画出人物形象。

读写能力的整合可以促进知识内化。在写作训练过程中，教师在帮助学生理解文本

内容、掌握语言的基础上，还应引导学生在阅读中积累素材内容，掌握写作方法和思维方式，这样才能在阅读中进行知识迁移，提高学生的写作能力。

（二）落实语言技能

1.课堂书面语言规范化

积累语言的过程中要注意语言本身的规范性。在课堂教学中，板书是课堂书面语言规范化的直接展示。清晰明了的板书可以让学生快速了解一节课的重点。例如，讲解《荷塘月色》一文时，设计板书要从朱自清行走荷塘边的时间、缘由入手，让学生重点关注路边的景色。接着让学生感受朱自清行走在荷塘边的心情，月下荷塘是什么样的，荷塘中的月色又是怎样的？在这一过程中，规范化的板书十分重要。

在课堂教学过程中，除了板书设计要规范化，课堂后的书面评价也要规范化。例如，教师要求学生根据《红楼梦》中"林黛玉初进贾府时的所见所感，联想自己与某人第一次见面时的感受"时，不同的学生会用不同的方式描写自己的经历，而教师要采用描述性、有建议性的语言进行评价，如"对于自己第一次和他人相遇时的场景描述得十分细致，但文章中有一些语句不通顺的地方，相信你可以很快找出来并改正"等。

2.分析语言，探究句子组合

作为书面文字的一个组成部分，标点符号被用来表示讲话时的停顿和特殊语气。在实际语文教学中，教师可以从标点符号的应用方面培养学生的逻辑思维能力。高中没有明确一致的标点符号教学课程，课本选文中标点符号的使用往往是遵循通用标点符号的基本用法。教师在教学中可以使标点符号与课文内容、古典名著相结合，鼓励学生使用标准符号，掌握语句的无声节奏。

需要注意的是，在现代语文教学中，应通过开展实践活动来培养学生的语言技能，帮助学生积累知识，让学生学会学习。一方面，教师在指导学生时要注意标点符号的使用，如名著《红楼梦》中描写林黛玉心理变化时所用的标点，通过标点体会人物当时的心情。另一方面，将积累的标点符号用法运用到自身的写作中。随着时间的推移，学生会接触到各种标点符号的不寻常用法，学生要尝试在写作中使用它们。同时，更重要的是，教师要整合学生的阅读实践，重点培养学生的语法习惯，分类整合标点符号的作用，使学生明白其中的意义，这样更有利于培养学生的语感。

二、结合文本阅读，建构语言知识体系

（一）把握文本中的书面语和口语

在实际教学中，教师应注意教材中书面语和口语的关系。有的课文中存在着大量的口语。教师在讲授这些文本内容时，要注意书面语和口语的差别。例如，《红楼梦》中有大量口语。刘姥姥说的那句"'瘦死的骆驼比马大'，凭他怎样，你老拔根寒毛比我们的腰还粗呢！"，展现了其人物性格。学生可以从刘姥姥说的这句话中看出刘姥姥直率的个性。

学生在学习过程中也不能把书面语和口语对立起来。文本中的语言是相互融合的。教师应结合口语的便利，让学生在掌握文本内容的过程中建立起良好的语言体系。例如，在记忆词语时，可联想它在现实生活中的口语是什么，大大提高学生的学习效率，比如记忆"丈夫"这一词语时，让学生联想生活中的另外几种称呼——"老公""夫君"等；记忆"拜谒"时，可让学生联想生活中常说的"访问""拜访"等。

在教学中，教师要加深学生对汉语语体词的理解，帮助学生梳理日常生活中已经掌握的语体词之间的对应关系，培养学生运用书面语和口头词语的能力，让学生掌握口头语、书面词汇以及语体词的转化技巧。另外，还可引导学生在头脑里建立语体词的对应关系信息库，将语体词与相应词联系起来。这样，在不同的交际环境下，学生才能灵活地选择恰当的句法结构。

（二）融合文本中的普通话和方言

方言具有封闭性、区域性和保守性，在汉语教学尤其是中学语文教学中一直是一个难题。但是，正是由于这种特性，方言才能成为古代汉语的"活化石"。在教学过程中，教师合理地运用这些资源，能为其教学工作提供便利。例如，《孔雀东南飞》一文中关于刘兰芝的描写，在她被休时还有人称之为"新妇"。其实方言中"新妇"本就是"媳妇"的谐音。因此，在讲授这节课时，教师应先给学生讲解方言的地域性差异。"新妇"在现代意为新过门、新娶的媳妇。但是作为已被休的刘兰芝，还称她为"新妇"，可见这个词语就是"媳妇"之意。无独有偶，《红楼梦》中也有很多方言，有很多也沿用至今。在林黛玉初进贾府时，贾母给她介绍王熙凤，把王熙凤称为"辣子"。而辣子在南京方言里常作"无赖"。教师可以抓住这个方言词语，引导学生把握住核心人物——王熙凤的性格。这样以便于更好地展开下面的教学环节。

把方言融入普通话的学习中，能帮助学生加深对普通话具体语句的理解，从而帮助学生更好地运用普通话。新课程改革背景下的语文教学，要想提高教学质量，合理地把方言融入现代文教学至关重要。

（三）厘清现代文和文言文的关系

现代文是从文言文发展而来的，两者之间关系密切。教师在讲授文言文时，可融入现代文的知识，如表达方式、表现手法等。在讲授现代文时，又可把握文言文与现代文的相通之处，在讲授过程中真正做到现代文和文言文相通。例如，《烛之武退秦师》一文，在讲到表达方式与表现手法时，文章侧重描述如何去退，对于为什么要退作者进行了略写。这种详略得当、主次分明的手法在现代文中也有很好的体现。教师可以利用本次讲授的机会让学生感受详略得当这一文章写作策略，也可以与采取类似策略的现代文进行对比。

现代文常用修辞手法来描写事物。例如，《荷塘月色》一文，运用比喻的修辞手法描写月夜下的荷花，突出了月色的凄凉，学生很容易就能感受到其中的美景。在文言文教学中，教师也可以采用修辞手法对文本进行讲解，加深学生对文章的理解。再如，《劝学》一文中，也大量运用了修辞手法。教师可着重引导学生赏析文中的句子。另外，将难懂、晦涩的文言文以现代文的形式讲解出来，不但有利于学生理解，更能体现文言文精简之美。

三、创设教学情境，培养语言运用能力

实践性是语言教学的内在属性，而语言实践则是语言的学习过程。在传统的现代文教学中，学习和实践相结合的教学模式是需要教师精心设计的。事实上，在语言教学中，学习和实践相结合的教学模式是比较容易实现的。余映潮先生反对过分注重文本分析的教学方式，反对"以活动为目的"的教学设计，提倡"以人为本"的语言课程。为了突破传统语言教学偏重口语训练的现状，他认为，要加强说和用的教学，要提高学生的综合语言能力，在语言教学和综合实践中发展学生的核心素养。

（一）创设语言情境，鼓励学生表达

对学生而言，在学习古典诗词课的同时，还要从教师那里汲取鉴赏的思想，同时也要努力学会欣赏自己的作品。文学鉴赏和语言应用是两个重要的教学环节，两者不能分开，必须相互促进、相互融合。文学鉴赏应立足于语言的学习与应用，而非独立存在，否则，文艺欣赏课就会像空中楼阁，缺少坚实的基础；而语言教学又离不开语境，脱离了语境的语言，就好比生机勃勃的鱼儿脱离了大海。语篇的内涵与语言的学习与应用之间的相互联系与相互影响，是语文教学的重要组成部分。

例如，袁玉红老师在讲授《我与地坛》一课时，通过活动引导学生把握文本大意，并在活动中运用情境教学的方法，为学生营造良好的课堂氛围，让学生感受学习的趣味，从而让学生与作者产生情感共鸣。还有一些活动要求学生体会语言的作用，培养他们的语言和情感。好的课堂教学不仅要探究作品语言的表现力和表达力，还要帮助学生理解文本的内涵和情感，让学生体会文学表现方式的作用和影响，更重要的是将这些知识有机结合起来，促进学生的文本学习。在语言学习过程中，学生会获得个人的独特感受，形成个人的语言特点，但只有在语言表达实践中，他们才能发展自己的思维能力。这就要求教师尊重学生的个人经验，语言训练与思维发展并重。为《我与地坛》设计的课堂教学情境，如见表 5-3 所示。

表 5-3　为《我与地坛》设计的课堂教学情境

从导入中走进情境	对史铁生的名字进行解读：让历史像铁一样地生着，借助蹒跚的脚印不断看那写作着的心魂，让学生走进作者的内心。
从朗读中感受情境	片段一：四百多年里，它一面剥蚀了古殿檐头浮夸的琉璃，淡褪了门壁上炫耀的朱红，坍圮了一段段高墙又散落了玉砌雕阑，祭坛四周的老柏树愈见苍幽，到处的野草荒藤也都茂盛得自在坦荡。这时候想必我是该来了。 片段二：蜂儿如一朵小雾稳稳地停在半空……满园子都是草木竞相生长弄出的响动，窸窸窣窣片刻不息。这都是真实的记录，园子荒芜但并不衰败。 片段三：在老柏树旁停下，在草地上在颓墙边停下，又是处处虫鸣的午后，又是鸟儿归巢的傍晚，我心里只默念着一句话：可是母亲已经不　在了。
从情境中总结思考	生命就是一个不断超越自身局限、超越自我的过程。我们要像史铁生一样向死而生。

教师在课堂导入、课堂教学等环节为学生创设情境，最后总结升华，带领学生了解

史铁生所处的环境，这样能调动学生去思考，让学生运用自己的感官去感受教师创设的情境。

（二）根据具体语境理解语言

王宁先生指出，所谓"情境"，指的是课堂教学内容涉及的语境。语境是指与具体言语交际行为密切相关的、对言语交际活动有重要影响的条件和环境，包括语境、情境。在现代文教学中，语言活动都是在特定语境中进行的，强调语言的理解和语境的功能。语文教师要有很强的阅读理解能力。所以，在教学中，要帮助学生正确认识现代文的阅读和理解，让学生认识到阅读的真正价值和意义。

1.带学生走进语境中

教师可以使用具体的语境来帮助学生进入文本。例如，在讲授新课《陋室铭》时，在导入环节可以创设具体语境。

> 师：在我们现代城市中，大家可以看到到处都是高楼大厦，虽然居住在这样的环境中，很多人仍然觉得住所不够华丽。但在古人眼中，住所华丽与否并不影响自己的心情。诗人刘禹锡的住所是什么样的呢？让我们一起走进刘禹锡笔下的《陋室铭》，看一下他的居住环境吧。

教师根据具体的情境条件，在学生熟悉的情境中引导学生思考，以达到导入的目的。在学生感知、理解文章环节，可以采用反复品读的教学方式教学。《陋室铭》之所以成为陋室，可以让学生品读以下句子。

> 师："苔痕上阶绿，草色入帘青，谈笑有鸿儒，往来无白丁，无丝竹之乱耳，无案牍之劳形"，刘禹锡所住的环境是远离世俗喧嚣的，有草、有青苔、有知己、有琴声。这种环境仿佛与世隔绝。

学生可以反复品读这段环境描写，感受刘禹锡笔下的陋室，从而产生情感共鸣，达到理解语言的目的。

根据语言环境的不同，语境可以分为内、外部两种。内部语境强调文本自身内容与形式，外部语境侧重于历史背景、文化语境等。教师在进行教学设计时，要把握现代文本身的语境。例如，教学《拿来主义》一文时，可按照文本内容讲授，可以引出"拿来什么""怎么去拿来",这就由内部语境引申到了外部语境。鲁迅在文章中着重指出,"拿来主义"的精髓是要"拿来",即对异质文化的处理,对待自身的文化遗产要持什么态度。之后,可根据文章的内容分析文本结构,是什么原因让鲁迅写我们要倡导"拿来主义"?鲁迅对当时社会中所存在的现象有什么看法?学生会很容易联想到外部语境,从当时的历史背景入手。此时,教师就可以结合当时的大背景去讲解。

> 师:在 20 世纪 30 年代,国民党政府提倡"全盘西化"、实施毫无人道主义的卖国主义政策。面对外国文化的冲击,有人主张全部继承、全盘接受;也有人持相反态度。在这种背景下鲁迅写了《拿来主义》一文,强调对于文化我们要"自己来拿"。

带学生走进语境中,能加深学生对语言的理解,更好地阅读文本,同时也能建构自身的语言体系。

2.带学生积累语言素养

新课程改革理念强调将传统文化融入语文教学,并强调中学阶段要加强对中学生的民族精神教育,不断提升学生的文化素养。所以,将传统文化融入语言教学中是十分必要的。这就要求教师转变教学观念,在教学中渗透传统文化,将其更好地应用到课堂中去,让学生通过学习传统文化更好地提升自己的文化素养。语言的积累需要一个长期的过程,常常通过有形的活动成果的展示和整理来体现。

文字符号是知识的基本载体,而知识背后的逻辑和意义才是知识的核心。例如,教师在讲授《祝福》一课时,文章的核心内容是写一个女人——祥林嫂不幸的故事。但实际上,鲁迅是想通过这个故事抨击封建社会对人们的毒害,特别是封建时代的种种错误观念对妇女身心的摧残。所以教师在备课和教学过程中,要讲解小说描写的事件、人物,介绍语言描述等文学知识,同时,还要引导学生挖掘文章背后的社会历史、社会生活、思想感情,以引导学生了解不同历史时期的文化。此外,文章还讲述了鲁镇过年时当地的习俗和文化。教师可适当讲解这些民俗文化内容,丰富学生对民俗文化的了解。再如,在讲授《雷雨》这篇课文时,教师可以让学生扮演各种角色。在这样的活动过程中,学生可以身临其境,感受角色内心的情感,这有助于他们在学习过程中感受文本中传达的文化观念。

（三）实施多元化教学

多元化教学就是要改变单一的教学模式，采用多种教学方法开发课程，丰富教学设计，融入一些新的元素，打破原来枯燥的"老套"教学模式，培养学生积极发现问题的习惯。这与素质教育思想是一致的，能有效地促进学生全面发展。语文是人文学科，多元思维方式有助于加深学生对课文的理解，丰富学生的情感，引导学生树立科学的世界观、人生观、价值观，开阔学生的视野，为学生的未来发展创造有利的条件。

1.运用多种信息技术手段，激发学生的求知欲

目前，信息技术已在我国的教学中得到了广泛应用，并在教学中起到了积极作用。用信息技术教学比传统的教学方式更生动有趣，也能给学生带来更多新鲜感。它也可以克服传统教学模式的通病，如抽象难懂的知识点可以通过信息技术直观地展现出来，可以使人物更生动，而且线上资源比较充足，还可以扩展学生的知识面。语文教学完全可以顺应时代潮流，插入更多的视觉材料，实施图解法教学。从语言主体的角度来说，语言学习是一种对汉语的感知与认同，是一种对民族情感与智慧的美学积淀与创造，是一种将知识渗透于审美文化的过程。学生在学习语文知识的过程中，形成了对语言的认知，也能进一步提高自己的审美能力，在更深层次上实现文化传承和精神渗透。

2.关注学生之间的差异，制定多样化的教育目标

每个学生都是独立的个体，具有不同的知识基础、能力和个性特征。这意味着教师不能用一个标准来衡量所有的学生，也不能对所有的学生使用一种教学方法。因此，教师要公正地对待每个同学，尊重每个人的性格差别，激励他们积极参加语言教学活动。在教学计划中，教师可以根据学生实际的学习情况和身心发展情况来制定教学目标，采用多种教学方法来进行教学设计。在考虑学生个性的情况下，教师可以鼓励学生跳出课本，扩大知识面，多读同一主题的书籍。在考虑学生个体差异的情况下，教师可以制定各种教育目标，通过这种方式，每个学生都可以在整个语言课堂学习中有所收获。

（1）关注学生显性差异，推进知识体系的建构

在实际的现代文教学中，关注学生的显性差异，提前预设问题，可以使问题更具有针对性。教师可以在教学过程中积极与学生互动，引导学生发现问题，自己去解决问题，让学生完成"我想学—我要学—我会学—我能学"的转变。这种教学方式不仅能获得学生对教材和教学方法的反馈，还可促进教师和学生共同发展，使学生建构起自身的知识体系。

例如，教师在讲授小说《祝福》时可先创设问题情境。由于学生具有个体差异性，对每篇文章的理解也不同。教师可从小说人物形象的塑造入手，让学生对文本有充分的认识。祥林嫂的一生是个悲剧，从祥林嫂一系列经历，即"丧夫—改嫁—丧子—被驱赶"，可以看出这是一个不幸的女人，在鲁家工作时，她任劳任怨，勤奋踏实，她曾经试图改变自身现状，尝试挣脱婚姻的束缚，但那个时代造成了她的悲剧。教师了引导学生揣摩文章语句，推断祥林嫂的性格特征，从而建构起文本知识。这些知识的建构会缩小他们之间的显性差异，学生在头脑中也会自然形成祥林嫂这个悲剧的主人公形象。这样可以使学生更好地了解所学知识。

（2）关注学生隐性差异，促进知识的内化

学生在课前已经有了一定的知识和经验，但由于自身眼界和经验的不同，学生的认知水平肯定会有差异，这些差异也会影响学生的学习进度。这些差异有时不太明显，教师需要用敏锐的眼光才能发现这些差异。运用多元化教学方式不仅可以帮助学生更好地理解知识，还可以帮助学生内化所学知识。

仍以《祝福》为例，学生已经从之前的预习过程中知道了祥林嫂的悲剧。那么教师此刻就可以立马抛出一个问题："祥林嫂的悲剧除了其自身性格外还由什么因素造成的？"在教师的引导下，学生利用预习过程中获得的知识可以发现，造成祥林嫂自身悲剧的，还有整个封建社会环境以及周围人物的影响。首先，在整个封建社会大背景之下，即使封建帝制被推翻，但依旧残留着封建思想。可以想象，一个"吃人"的社会，会给人们的心灵带来多么严重的创伤。其次，祥林嫂周围的人物造就了她的悲剧。小说中描写的祥林嫂身边的人大多是"看客"，人们对祥林嫂这种可有可无的人并不关心，也没有人在意自身言行给祥林嫂带来的伤害。

由此可见，教师应从学生的显性与隐性差异入手进行现代文教学，制定多样化的教学目标，注意和学生进行谈话和互动，从而帮助学生建构自身的语言体系。

第三节　在现代文教学中融入
"语言建构与运用"素养的实践反思

不管是以传统的方式，还是以现代的方式进行的现代文教学活动，都是以培养学生的阅读能力为中心的。这种能力是多层次的，但又建立在事实的概念和原则之上。所以，阅读教学要以建构语言知识体系为基础。建构语言知识体系需要大量的实践，但同时也有一些局限性。首先，必须要说明的是，进行语言积累需要大量阅读，要在阅读中去感悟。正如古人所说，书读百遍，其义自见。但是，大量的阅读仅仅是学习语言的必备条件之一，另一个条件是如何运用从阅读中学到的知识来建构自己的语言体系。近年来，新课标中提出的核心素养理念在语文教学中得到了大量的实践，同时也存在许多实际问题。因此，在现代文教学中融入"语言建构与运用"素养时，要注意以下两点。

一、在现代文教学中发展"语言建构与运用"素养

"语言建构与运用"这一核心素养是一种抽象的概念，现代汉语的阅读是一种文字的表达。在文本呈现、学生感知等方面，教师要适当地融入核心素养的概念。然而，在许多教学案例中，教师缺乏协调三者关系的能力，其中涉及的因素很多。这就需要教师把核心素养中有关"语言建构与运用"素养的具体要求落实到实际教学中去，对自己的教学进行反思和评估。

其实，在现代文教学中也有很多成功课例。以某高一语文教师讲授的《荷塘月色》为例，该教师的教学重点是让学生体会文章的思想感情，在教学过程中体现了"语言建构与运用"这一核心素养。下面是一部分教学片段。

师：作者在《荷塘月色》中提到《采莲赋》，采莲者置身于摇舟采莲之中，内心的喜悦、悠闲自得自然而然地呈现在我们面前。反观作者现在所处的场景是什么样的呢？

生：朱自清站立在荷塘之间，又有月色相伴，两者相伴，又朦胧又静谧。

师：这种一动一静的对比，采莲那种热闹的动景和月色相伴下荷花的静景相融合，实则是作者内心对理想世界的向往。他渴望美好生活、思念故乡，这片刻的宁静愈发体现出他心绪不宁，折射出对现实的不满。

在教学《荷塘月色》这篇课文时，教师要注意让学生体会作者的情感变化，通过课文内容与作者进行心灵沟通，了解作品的写作背景，以及作者传达的价值观和理想情感。同时，文本中所描绘的关于朱自清本人的价值观，对学生的个人情感有引导作用，能丰富学生的思想和价值观。注重学生与文本、学生与作者之间的交流和体验，是散文教学的一个独特过程，是语言能力的形成过程，体现了当代高中散文教学从建构和运用语言角度出发的特点。这也是学生核心素养形成的过程。

二、要科学地把握语言建构和语言运用的关系

关于语言建构和语言运用的关系，王宁特别指出只有形成建构体系，才能实现语言的运用。而语言的正确运用是推进语言建构的有效途径。语言的建构和运用是语言学习的基础和前提。学习者在语言学习中是如何建构语言的？他们是如何使用语言的？语言建构和语言使用之间有什么关系？只有回答了这些问题，才能更好地实现语言建构。

语用是根本，规则是适应，规则属于交际中的人，是为了交际的方便。从根本上说，语言被表述为交流的规则，而不是为了加强现实存在的规则。语言的正常化是指协调语言、人和社会之间的关系，并努力使它们和谐发展。过分关注人类与语言的重叠，会导致人们忽视语言本身的独立性质以及它的使用方式。结合实际的现代文教学，由于现代普通话中存在很多旧词新读的现象，比如"舍不得孩子套不住狼""黄花菜"等词语从语言意义解释方面谈已经背离了其中的含义，但是随着现代语言的不断更新，这些词语被赋予了新的意义，并且为更多的人接受。

语言是内容的载体，可以通过词语和命题的组合表达具体的意义。但是，在互联网环境下，由于没有相关的审查规范，导致网络用户在使用语言时存在大量的语法问题。例如，主语和谓语的缺失、混乱、成分冗余、搭配不当、顺序不当等。虽然在一定程度上不会影响人们对句子意思的理解，但是会造成网络阅读的延迟，从而影响到读者的阅读体验。这种现象对学生的影响也是不容忽视的。很多学生在课余时间也会上网，他们

在语法、句法使用等方面都不成熟，这会影响学生语言体系的建构。

在现代文教学中，教师应把学生显性知识和隐性知识相结合。所谓的显性知识就是学生头脑中所建构起来的知识；隐性知识就是在实践中运用的知识。这要求教师具备较高的基本素养。为此，教师应提高自身专业素质，仔细研读新课程标准，把握"语言建构与运用"这一核心素养，厘清语言建构和语言运用之间的关系，帮助学生建构自身的知识体系，并引导学生在具体的情境中运用这些知识。

语言建构和语言运用互相联系，互为补充。建构偏向于主体内部去思考，属于内在因素；运用偏重外部语言表达，属于外在因素。针对现代文阅读教学现状，教师一方面要引导学生积极思考，建构自身的知识体系；另一方面要让学生主动表达交流，提升自身的语言表达能力。

参 考 文 献

[1] 陈新仁，李捷. 当代中国礼貌观城乡差异调查与分析[J]. 外语研究. 2019，36（1）：29-36+112.

[2] 陈新仁. 汉语语用学教程[M]. 广州：暨南大学出版社，2017.

[3] 陈新仁. 基于元语用的元话语分类新拟[J]. 外语与外语教学，2020（4）：1-10+24+147.

[4] 陈新仁. 身份元话语：语用身份意识的元话语表征[J]. 语言学研究，2021（1）：6-17.

[5] 陈新仁. 语用学新发展研究[M]. 北京：清华大学出版社，2021.

[6] 邓兆红，邱佳. 当代中国礼貌观的地域差异研究：以致歉行为为例[J]. 外语研究，2019，36（1）：44-51.

[7] 段玲琍，师敏，秦菀玥. 跨语言的商务语用能力对比研究[J]. 山东外语教学，2018，39（5）：34-42.

[8] 段平，王勃. 语用学的效率原则与专业交际学的语用策略[J]. 中国 ESP 研究，2018，9（2）：118-130+140-141.

[9] 傅琼. 王熙凤的自我意识解读：基于元语用证据[J]. 外语与外语教学，2020（4）：44-50+148.

[10] 高莉. 篇章语用学在法律语篇分析中的运用[J]. 语言与文化研究，2019（1）：1-5.

[11] 郭亚东，陈新仁. 冲突话语中身份的操作、认知与磋商[J]. 语言文字应用，2019（3）：144.

[12] 郭亚东，陈新仁. 语言顺应（性），概念与操作：Jef Verschueren 教授访谈与评解[J]. 外语教学理论与实践，2020（2）：37-41.

[13] 韩宝成，黄永亮. 中国英语能力等级量表的研制：语用能力的界定与描述[J]. 现代外语. 2018，41（1）：91-100+146-147.

[14] 韩戈玲. 汉语儿童请求协商事件及语用能力发展研究[J]. 外语教学，2020，41（4）：75-80.

[15] 郝钦海，蔡凌波. 课堂话语中女性英语教师的身份建构：以首都经济贸易大学为例

[J]. 商务外语研究，2019（2）：48-53.

[16] 何自然，刘韶忠. 何自然学术研究文集[M]. 上海：上海外语教育出版社，2017.

[17] 姜晖. TED 演讲中受众元话语的元语用分析[J]. 外语与外语教学，2020（4）：25-35+147.

[18] 姜晖. 礼貌话语的元语用选择与交互主体性构建[J]. 浙江外国语学院学报，2019（3）：32-38.

[19] 金颖哲. 发话人元话语的形象管理功能：学术场景中专家自我表述的元语用分析[J]. 语言学研究，2021（1）：43-54.

[20] 金云琴. 大学语文学科核心素养的概念与结构[J]. 黑龙江高教研究，2019（4）：148-151.

[21] 李素琴，吴月芹. 我国语用学研究概述[J]. 文教资料，2009（28）：26-27.

[22] 李箭，周海明. 基于学科核心素养的英语教学课例研究[M]. 上海：华东师范大学出版社，2019.

[23] 李捷. 名称翻译的语用学研究[M]. 北京：科学出版社，2021.

[24] 李梦欣，郭亚东，陈静. 当代中国大学生礼貌观性别差异调查与分析[J]. 外语研究，2019，36（1）：37-43.

[25] 李庆荣. 现代实用汉语修辞[M]. 3 版. 北京：北京大学出版社，2020.

[26] 林纲. 政务微博语篇言语行为分析[J]. 传媒观察，2019（12）：77-83.

[27] 刘根辉，李德华. 中国语用学研究状况与发展方向[J]. 现代外语，2005（1）：72-81+110.

[28] 刘风光，石文瑞. 小说语篇可读性建构与不礼貌策略研究[J]. 外语与外语教学，2019（6）：39-47+146.

[29] 刘华. 语料库语言学：理论、工具与案例[M]. 北京：外语教学与研究出版社出版社，2020.

[30] 刘会英，冉永平. 商务英语通用语交际中元语用表达的交互能力：基于 VOICE 商务会议语料库的研究[J]. 外语电化教学，2019（4）：106-113.

[31] 刘平，冉永平. 商务英语通用语交际中的交互文化语用能力[J]. 外语教学理论与实践，2019（4）：8-16.

[32] 刘平，冉永平. 投诉回应：元语用话语与协商意识[J]. 外语与外语教学，2020（4）：

11-24+147.

[33] 刘志刚.多媒体辅助汉语教学案例集[M].北京：北京语言大学出版社，2020.

[34] 龙翔.少数民族文化典籍翻译之研究：以跨文化语用学为视角[J].社会科学家，2019（7）：136-141.

[35] 罗国莹，刘丽静，林春波.语用学研究与运用[M].北京：中国书籍出版社，2013.

[36] 罗国莹，刘丽静，林春波.新编语用学研究与运用[M].北京：中央编译出版社，2020.

[37] 罗雪娟.语用学研究概述[J].青海师范大学学报（哲学社会科学版），2007（4）：110-113.

[38] 彭国跃.汉代训诂学中的"礼貌"功能释义：历史社会语用学探源[J].国际汉语学报，2019，10（1）：25-47.

[39] 施春宏.汉语教学理论探索[M].北京：商务印书馆，2021.

[40] 吴英歌.在古诗文诵读中培养学生文化自信[J].教育，2020（11）：57.

[41] 吴忠豪.积累语言经验是学习语文的基础[J].基础教育课程，2019（14）：33-38.

[42] 夏登山.三方交际的语用学研究[M].北京：商务印书馆，2018.

[43] 杨帆."语言建构与运用"在课堂教学的实践路径[J].语文建设，2018（36）：16-19.

[44] 张蓉.跨文化视野中语用交流失误研究[M].北京：北京工业大学出版社，2018.

[45] 张延飞，顾晓波.汉语零话句的语用充实研究 默认意义视角[M].济南：山东大学出版社，2015.

[46] 张绍杰，张延飞.默认理论与关联理论：解释"一般会话含义"的两种对立方法[J].当代外语研究，2012（7）：19-23+28+76-77.

[47] 赵颖.新编语用学概论[M].北京：中国商务出版社，2015.

[48] 赵金铭.对外汉语教学概论[M].北京：商务印书馆，2004.

[49] 周翠红.论大学语文教学在大学生人格塑造中的作用[J].智库时代，2019（9）：205+208.

后　记

时光荏苒，光阴似箭，转眼间，本书的撰写工作已经接近尾声，颇有不舍之情。本书是作者对语用学及语言建构进行研究的成果，倾注了作者的大量心血，虽然辛苦，但是想到本书的出版能为语用学及语言建构的发展与应用提供一定的帮助，作者颇感欣慰。同时，本书在写作过程中得到了社会各界的广泛支持，在此表示深深的感谢！

中华人民共和国成立以来，在党和政府的正确领导下，经过几代学者的共同努力，汉语语用学事业取得了骄人的成绩。众多学者不仅通过自己的工作推进和深化了现代汉语语用学发展的本体研究，发表和出版了大量的学术论著，还积极顺应时代要求，服务社会，为国家的教育文化事业贡献了一份力量。

20世纪90年代之后，一些新的现代汉语语用学理念不断被借鉴和发展，广大学者扩大了考察视野，开拓了研究思路，创新了分析手段。研究者不再满足于"知其然"，更想"知其所以然"。这种转向不仅标志着现代汉语语用学发展与研究开始向纵深方向推进，也意味着现代汉语语用学分析进入了一个新的、更高的发展阶段。

中华人民共和国成立70多年来，我国汉语语用学发展与研究教育事业从无到有，并蓬勃发展，这一方面得益于我国国际地位的不断提高，另一方面得益于汉语语用学发展研究所取得的丰硕成果。特别是改革开放之后，我国的经济实力和综合国力大大增强，国家对研究工作的投入不断加大，学术探讨的环境和条件持续得到改善。如何应对新时代的需要，如何更好地使自己的研究工作为社会服务，如何使自己的研究成果更好地转化为实践经验，是大家共同思考的问题。

我们坚信，只要坚定文化自信，把握时代脉搏，聆听时代声音，坚持与时代同步伐、以精品奉献社会的理念，继续发扬老一辈学者开创的优良传统，辛勤工作、刻苦钻研，团结奋进、取长补短，抓住机遇、扎实进取，必将再铸汉语语用学事业的辉煌！